党的“十九大”西藏优秀献礼图书

老照片·新西藏（五）

编著　陈琳

西藏人民出版社

序 /马丽华

大鹰飞来了，
大鹰的翅膀展不开。
大鹰要高翔，山崖快闪开吧；
大鹰要低飞，江河快闪开吧！

这首藏族新民歌，是六十多年前由支前民工传唱开来，被一位十八军的宣传干事记录下来。歌中所传达的热望与情怀，我们都懂得。三十多年前当我听到这首歌的时候，正值两路通车三十周年，西藏自治区人民政府于1984年12月25日在拉萨河畔竖立起一座雄伟的“川藏青藏公路纪念碑”。我把这首歌词作为题记，写成长诗《筑路时代》。

没错，那是一个激荡人心的筑路时代。和平解放，守卫边疆，一边是十八军，一边是西北独立支队，边修路边进藏；川藏公路，青藏公路，相向延伸，会师拉萨。两路总长4300多公里，参与修路的11万人中，有3000余名解放军官兵为之捐躯。其中格外艰险的川藏公路，平均每一公里即有一人牺牲。筑路者的身后，留下了有形的“天路”——正像许多歌中所赞美的，那是架起的“金桥”，是“金色的哈达”，连结起高原和内地，北京和拉萨；更留下了宝贵的精神财富“老西藏精神”——特别能吃苦，特别能战斗，特别能忍耐，特别能团结，特别能奉献。

马丽华：著名作家。中国藏学出版社原总编、编审。中国作家协会第四、五、六届全委会委员。

岁月峥嵘，即便是在“两路”通车后，筑路时代还在继续，那是一条通往人心之路，是走向繁荣、幸福之路。和平解放后，许许多多十八军老战士留了下来，与西藏人民一道，承担起建设社会主义新西藏的重任；更多的人在“老西藏精神”感召下，从祖国的四面八方奔赴西藏。与此同时，藏族干部和科技人员成长起来，共同谱写了西藏当代史恢宏篇章。即便是在今天，在空中航线四通八达，青藏铁路已然开通的今天，筑路时代仍在继续，“老西藏精神”、“两路精神”犹未过时。或者说，面对今日繁荣昌盛的新西藏，我们尤其感念当年的开拓者。

在此，特别感谢本书作者陈琳，以老照片形式为我们再现了这一光辉历程。

系列画册《老照片·新西藏》，自2013年起已在京出版一至四辑，此为第五辑。而这项工作从起意到着手征集图片，已经进行了十数年之久。前辈老兵早已星散四方，可知这样的征集工作难度之大；又因时光流逝，就某种意义而言，这一工作还带有抢救性质。

但是，陈琳做到了，于是我们真切地看到了那么多熟悉或陌生的面孔和场景，由此了解并铭记。陈琳努力做到了，就凭着十八军后代、“藏二代”满腔的热爱和一份出于使命感的坚守。但显然不止于此，她所代表的是我们这一代人的价值取向，我们的敬仰和希冀，以及初心不改，昭示着“老西藏精神”的旗帜，必将经由我们这一代，接力传承下去。

《老照片·新西藏》（五）为我们呈现了一幅影像的长廊，是图文并茂的诗歌、故事、散文，还是纪实文学，亦或不重要了。

当年筑路工地上的歌声远去，新征程自有新歌响起；大鹰的翅膀已经展开，正在阔地间自在飞翔。

到此可以说，我们拥有同一身份：筑路者的后代，仍是筑路者。

是为序。

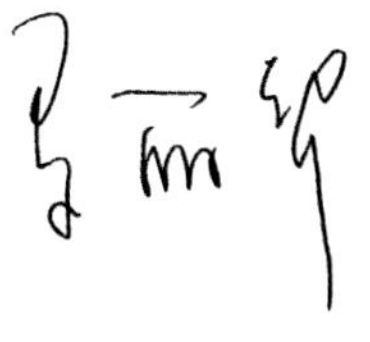

2017年7月 于北京

导 读

抒情、纪实、记叙，六十年前的“拉萨往事”，娓娓道来。

诗歌、散文、旁白，心和灵魂的碰撞。

《老照片·新西藏》（五），全新编著了西藏那年、那月、那些人、那段记忆：毛泽东主席和民间文学工作者在一起，习仲勋与西藏，慕生忠在格尔木，拉萨小学的往昔，1953年西藏第一部彩色纪录片，1957年首任驻外使节，八百里秦川民院人......

半个世纪前的尘封，生命轨迹，风云边关，家国情怀。

翻开吧，翻开日子，翻开岁月，

没有鲜花，我们一样感动。

2017年7月8日

目　录

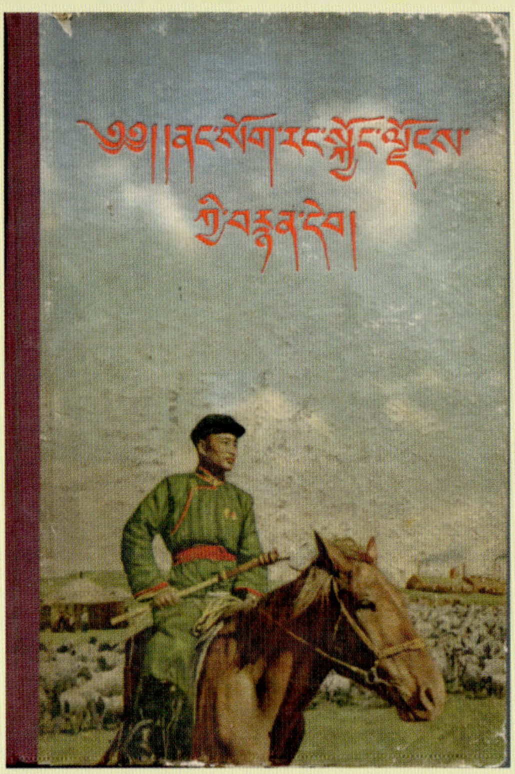
༄༅། །ནང་སོག་རང་སྐྱོང་ལྗོངས་
ཀྱི་བརྙན་དེབ།

工農日記
中央代表团贈

英雄
YING XIONG

第一章 金色的回忆

（左图来源：陈钦甫 洛朗）

“世界是你们的，也是我们的，但是归根结底是你们的。你们青年人朝气蓬勃，正在兴旺时期，好像早晨八九点钟的太阳。希望寄托在你们身上！”——毛泽东

这张毛泽东主席等党和国家领导人接见中央民族学院学生的照片，已整整保存六十年，首次公开发表。照片实际尺寸为：长：260公分，宽：19公分，分四次扫描，再拼接而成，此处只展示了三分之二，参加拍摄的学生千余人，是我征稿迄今，最为“壮观”的一张。（图片来源：王联芬）

1958年7月16日，毛泽东、邓小平、陈毅等党和国家领导人，在北京亲切接见了出席“全国民间文学工作者大会”的全体代表。

时任中共西藏工委宣传部文化处负责人单超（二排右五），作为西藏工委的代表出席了会议，见证了这一幸福时刻。前排就坐的还有文化部长周扬、两位身着少数民族服装等代表。（图片来源：单超）

文学工作者大会全体代表合影 1958.7.16. 於北京

1962年，中印边境自卫反击战期间，中央新闻纪录电影制片厂和八一电影制片厂，联合拍摄了《达旺见闻》、《自卫反击》、《为了和平解决中印边境问题》等一系列纪录片。

图为1963年5月，周恩来总理在北京接见有关人员。

参加接见的人员有：1.时任文化部长沈雁冰（二排右五）、文化部电影局局长陈荒媒（二排右二）等。

2.八一电影制片厂政委张景华（二排右一）、副厂长夏川（前排右三）、纪录片室主任翟超（三排左四）、摄影师向前（三排左三）等。

3.中央新闻纪录电影制片厂的有：厂长钱筱璋（前排右四）、摄影师计美邓珠、泽仁、扎西旺堆、次登、田枫、苏中义、赵明俊、徐志强等。（图片来源：芦继兵）

1951年，时任中共中央西北局书记习仲勋，代表毛泽东主席、中央人民政府和西北军政委员会，专程到青海西宁迎接十世班禅大师。图为习仲勋和十世班禅合影。（图片来源：《老照片·新西藏》（三））

三十三年后，1984年10月1日，习仲勋（左二）、十世班禅（右一）等一行观看在京举办的“少数民族自治区成就展”，驻足西藏展厅，时任西藏自治区文化厅副厅长傅伟（左一）讲解。（图片来源：傅伟）

古人云：“兵马未动，粮草先行”。

1950年，在四川康定，张国华军长(后排左一）一行，同藏族商人邦达多吉（左一）友好商谈部队粮草购买事宜，18军联络部部长乐于泓（三排右一）随行前往。（图片来源：时钟曼）

中央人民政府人民革命軍事委員會總参謀部全軍戰史工作第一屆會

1953年，朱德总司令（前左十二）与全军战史工作第一届会议全体代表合影。（图片来源：王文钦：二排右七）

1954年7月，中央人民政府驻藏代表张经武，陪同达赖从拉萨进京参加全国人民代表大会，并沿途视察部队官兵。图为张经武（左）一行途经扎木18军54师驻地，欢迎仪式上的场景。（图片来源：王巨夫、后右二、时任54师政治部秘书科长）

阿沛·阿旺晋美代表达赖讲话。（图片来源：王巨夫）

18军54师师长张忠讲话。（图片来源：王巨夫）

表同其他党政领导同志与拉萨中学第一届高中毕

1963年6月，西藏党、政领导，接见拉萨中学部分教师和首届毕业生。中央人民政府驻藏代表张经武（前左十）、时任全国政协副主席的阿沛·阿旺晋美（前左十一）、拉萨中学张陶校长（前左四）、副校长刘大道（前左三）。
(图片来源：刘伟)

1983年5月，西藏民族学院根据自治区教育厅的决定，将在校预科四个班的学员转为“边境县小学教师”，结业后充实西藏亚东、樟木等边境各县工作，结业前夕，师生赴北京参观，在京期间，受到国家民委、教育部的热情接待。

图为1984年6月，全国政协副主席兼民委主任杨静仁（前排左十三）等领导与四个班的师生在民族文化宫合影，陪同参观的教师陈钦甫(前右一)、周定源（前右二）。（图片来源：陈钦甫）

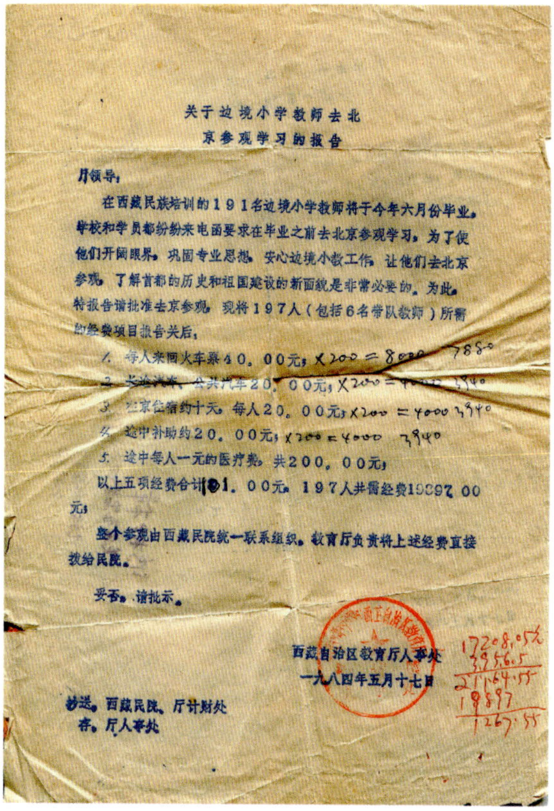

关于边境小学教师去北
京参观学习的报告

月领导：

在西藏民族培训的191名边境小学教师将于今年六月份毕业。学校和学员都纷纷来电函要求在毕业之前去北京参观学习。为了使他们开阔眼界，巩固专业思想，安心边境小教工作，让他们去北京参观，了解首都的历史和祖国建设的新面貌是非常必要的。为此，特报告请批准去京参观。现将197人（包括6名带队教师）所需的经费项目报告关后：

1. 每人来回火车票40.00元；
2. 长途汽车、公共汽车20.00元；
3. 在京住宿约十天，每人20.00元；
4. 途中补助约20.00元；
5. 途中每人一元的医疗费，共200.00元；

以上五项经费合计101.00元，197人共需经费19897.00元；

整个参观由西藏民院统一联系组织，教育厅负责将上述经费直接拨给民院。

妥否，请批示。

西藏自治区教育厅人事处
一九八四年五月十七日

抄送：西藏民院、厅计财处
存：厅人事处

1984年，参观费用批复文件。

位于拉萨东郊的纳金电站，是西藏和平解放后，修建的第一座水利发电站。图为1960年，十世班禅为竣工典礼（中）剪彩，身后依稀可见一人民解放军身影。（图片来源：黄崇德 右一）

我曾是“电线杆子行对行，纳金日夜发电忙”的参与者和见证人。（陈琳二排右一）。图为1979年，学员技术培训结业，师生合影，魏技术员（二排左六）、张光照老师（二排左五）。（照片首次公开发表）

2016年，老、中、青三代“纳金人”，为奉献和友谊欢呼！（图片来源：刘勇）

在国旗下，台上指挥：风采气度；台下演唱：引吭高歌、激情满怀！

图为1981年3月，西藏自治区政协机关“纪念西藏和平解放30周年大合唱”现场。（前排左始：洛桑慈诚、阴法唐、阿沛·阿旺晋美、杨东生、阿沛·才旦卓嘎、xxx、帕巴拉·格列朗杰等，指挥：罗念一）。

（图片来源：罗念一）

宋惠玲（左）："1951年5月，在甘孜，陈明义司令员为我们拍摄了这张彩色照片，我头上的呢子军帽也是首长临时借我戴的"。66年前"官兵一致"记忆犹新！（图片来源：宋惠玲）

半个世纪后，“我们和司令员喜相逢”。陈明义（前右三）（图片来源：周霞云）

自治区党委張國华等領导同志接見西藏民院藏

1965年9月，在西藏民族学院藏语系系主任黄国栋，教师何启扬、焦世英、江绍泉等带领下，两个班的藏族学生赴藏参加“三教”（社会主义、爱国主义、集体主义）运动。

图为1965年9月，在西藏自治区党委大院内，张国华（前排左十五）、杨东生、周仁山、胡宗林等领导亲切接见师生并合影。

照片中的人物已很难辨认清楚，但身后的建筑物很宏伟。

（图片来源：何堤）

黄崇德，首批进藏女兵，进藏17年，她亲历和见证了西藏军区文工团的初创和发展。她的演唱具有浓郁的民族风格，深受广大战士和藏族群众的喜爱。图为：1964年5月1日，西藏军区文工团应邀参加北京颐和园游园会演出，罗瑞卿（右二）总参谋长等中央军委领导看望全体演职人员，黄崇德（握手者）留下了难忘的回忆。（图片来源：黄崇德）

1956年，西藏军区文工团在当雄慰问修建当雄机场的官兵和民工，图为女声小合唱《我的家乡日喀则》。黄崇德（右三）

1960年6月9日，西藏公学夏祖明（后排左六）作为全国文教群英会西藏代表团的代表，出席了全国文教群英会。图为代表团在人民大会堂前合影留念。（图片来源：王联芬）

图为代表步入会场情景。
夏祖明、马熙敏、夏祖明等三位代表，笑容可掬，走在队伍后排。（图片来源：王联芬）

18军“战士篮球队”和战士们到拉萨后合影。（图片来源：李筱）

西藏自治区第一届运动会在拉萨召开。图为布达拉宫广场前的入场仪式，红旗方阵。（图片来源：李筱）

第二章 人物春秋

（左图来源：鲍彭庚 周霞云）

1957年，那本《解放军画报》

1950年初，蓝志贵随18军进军西藏，历任部队摄影员和随军摄影记者，成为新中国成立后，第一批拍摄西藏的摄影人。当年驻守察隅边防的老战士苏国柱回忆：“1956年，蓝志贵从拉萨乘敞篷车到达然乌兵站，改换骑马，翻山越岭、走羊肠小道，历经7天7夜，抵达我们团部驻地。首次全景式拍摄了察隅人文风景照片一千多张，并发往全国各大报刊，一夜间，江南察隅声名鹊起”。

这本60年前的《解放军画报》，以《种子》为名，显著刊登了蓝志贵拍摄的八张反映边防部队生活的彩色照片。

斯人已去，芳香犹在。

（图片来源：苏国柱、申竹林）

60年前，珍藏的《解放军画报》封面。

《解放军画报》的目录

1957年，《解放军画报》第1期刊登了蓝志贵同志拍摄的一组反映0254部队在边防察隅开荒生产的彩色照片。

蓝志贵（右）和驻察隅部队的申竹林合影（首次公开发表）

蓝志贵与夫人何贵仙合影（首次公开发表）

蓝志贵与夫人何贵仙在北京天安门前合影（首次公开发表）

1957年，蓝志贵拍摄的一组少数民族、部队官兵风貌的照片。

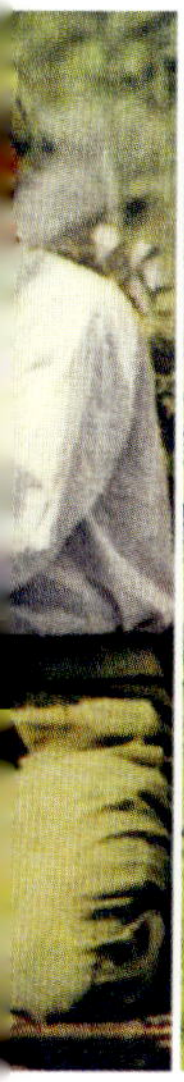

他们采访在祖国的边防线上

郭超人、陈家琎、次登、泽仁、刘金桐、刘伟、唐召明等八位同志，作为新华社和中央新闻纪录电影制片厂的前辈和资深记者，在西藏家喻户晓。他们用双脚丈量着脚下的土地，走遍了西藏的大小山川，在条件极为艰苦的环境下，他们采写、录制的《攀登珠峰》、《我们走过的日子》、《绿色墨脱》等众多重大新闻、获奖纪录片，不胜枚举。

殊荣与平凡同在。

（图片来源：次登、陈家琎、刘金桐、刘伟、唐召明）

唐召明：《圆梦天路》

新华社记者郭超人：《走向高原》

唐召明：《走遍藏北无人区》

左始：泽仁、扎西旺堆、计美邓珠、次登（引自《老照片·新西藏》第三集）

中央新闻纪录电影制片厂摄影记者次登（右）、计美在海拔5300米的查果拉哨所合影。

1988年，唐召明在藏北无人区采访。

70年代，刘金桐在阿里地区采访。

刘金桐：《梦在西藏》

1966年春节前夕，新华社记者陈家琎（前排右二）、刘金桐（后排右一）在查果拉边防哨所和战士们合影。

18军随军新华社记者陈家琎（右）和战友在进军途中合影。

2001年，新华社西藏分社原社长刘伟（前）在藏北采访。

平凡的何老师

上世纪80年代初，我们家曾与何德胜老师家比邻而居，何老师孱弱、个子不高，说话面带微笑，这样一名西藏民族学院普通的教职员工，很难想象他曾是一名英雄的“青藏公路建设者”！

向一生默默无闻致敬！向艰苦岁月致敬！向“两路”精神致敬！

（图片来源：王普美）

1957年2月，在青海草原花滩子青藏铁路（西宁-格尔木）第八工段工地与战友合影。何德胜（后排左一）

1957年2月，在青海青藏铁路工地留影，身后是工人简陋的宿舍。

西域行军 陇上行

平地起，
没有什么阻拦。
我们西行向前！
行军打仗再累，
星夜笔耕不辍，
摞摞手稿成山，
呈现美景一片！

平地起，
你走在雪山峻岭间，
你饱蘸人生的坎坷，
陇上行，
问世了《仓央嘉措》巨篇。

高原行，
革命理想高于天，
在平川，
老翁笑逐颜开！

（图片来源：高平）

1955年的高平

战友合影赠送高平

高平编著的系列丛书

高平(右)与才旦卓玛在拉萨

高平在拉萨布达拉宫前

高平策马进藏

高平与妻子张秀年在拉萨

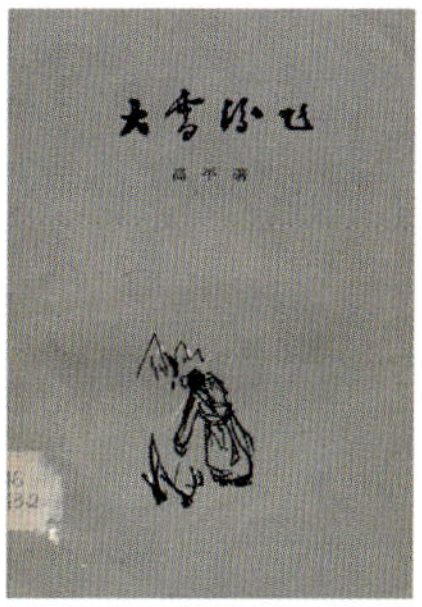

高平编著的系列丛书

高平，1932年生于北平，著名作家。

1949年，中国人民解放军第一野战军战斗剧社入伍。1951年进藏，18军后方政治部文工团创作组成员，西藏军区文工团创作组副组长，西藏军区文化部文艺创作员。1958年，甘肃省歌剧团编剧。1964年，甘肃省文联专业作家。1990年，甘肃省作家协会主席。

先后出版诗歌、散文、戏剧、小说、纪实文学等，享誉国内外。

现为中国作家协会全委会名誉委员，甘肃省作家协会名誉主席，中国诗歌学会理事。中共甘肃省委、甘肃省人民政府授予文艺终身成就奖。

高平编著的系列丛书

1953年，在波密，战友合影，赠送高平。

在筑路工地演出（高平：后排右二）

他从豫皖苏走来

右边这张照片的战士叫高启祥，说起来和我父亲还是安徽老乡。青年时期，高启祥在皖北参加革命，转战南北，四海为家，从豫皖苏革命老区走向高原，后曾任西藏民族学院、西藏农牧学院的副校长等职。

时光荏苒，时过境迁，今天，已无从得知当年照片拍照时的情景、拍摄人的姓名，但半个世纪前，威武军人的英姿却成为了永恒。

（图片来源：高阿平）

1951年，高启祥在拉萨留影。

1950年，进藏途中高启祥（前右二）和同志们合影。

70年代末，西藏民族学院四位院领导在教学楼前合影。（前排右始：王静之、汤化陶；后排左起高启祥、沙克）

70年代，在林芝筹建西藏民族学院林芝分院时留影。

《世界名人录》—黄文焕

2010年始，每年我都去西藏采访，多次听彭措青绕等藏族朋友，提及黄文焕的名字。今年三月，初识黄文焕的爱人宋惠玲，才有了今天迟到的故事。

黄文焕，1931年出生，北京市人。1948年在北京大学东语系学习，师从季羡林、于道泉教授。1951年，随中国科学院科考队语言文艺组进藏。

在高原三十五年，他的履历中有拉萨小学、西藏展览馆、西藏藏剧团、西藏自治区歌舞团、西藏社会科学院；他的学术成就，表现在西藏的宗教、文化、艺术等领域；他的名字辑录在英国剑桥大学《世界名人录》；他的藏语水平极高，深受藏族百姓爱戴。

（图片来源：宋惠玲）

青年才俊黄文焕

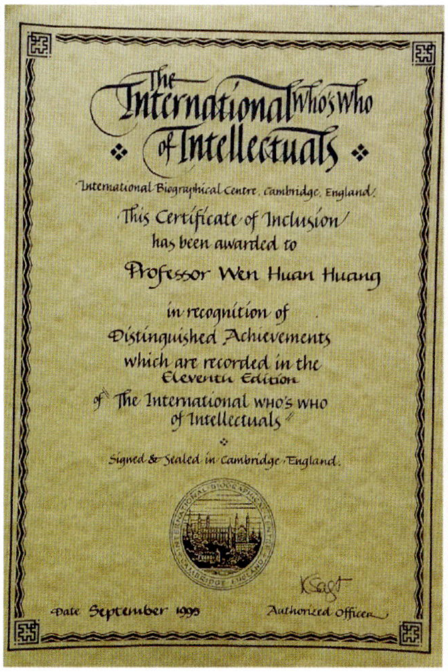

英国剑桥大学《世界名人录》证书

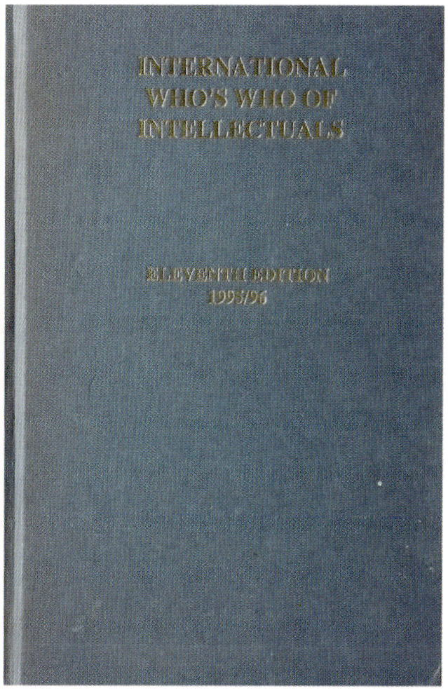

英国剑桥大学《世界名人录》封面

改革开放后，黄文焕、拉巴平措、次旺俊美作为西藏学者代表团，首次赴匈牙利，参加藏学国际学术会议。图为黄文焕在大会上宣读自己的论文：《从原始藏文数码的演变看西藏的发展》，同时，用英语做15分钟的现场问答。

1950年，在北京大学门口与同学合影。黄文焕（右二）

1959年，和西藏“觉姆隆”藏戏团团长扎西交谈，这张照片太珍贵了！今天的藏戏团是从旧的民间广场藏戏发展而来的。

黄文焕珍藏的两张藏戏演出照片

在米拉山山顶

在拉萨民居前

黄文焕（右）在寺庙调研

汤化陶校长的戎马生涯

西藏民族学院原党委书记、副校长汤化陶，在公众眼里，一直是一位务实求真、为人和蔼、成绩卓著的教育工作者。

今年早春，当我再次走进西藏民族大学，一位血战沙场的新四军，一位渡江战役的英雄、一位驰骋雪域高原的老战士，浮现在我的眼前......

（图片来源：汤冬妮）

1952年，在拉萨留影。

夕阳无限好

1958年9月15日，西藏公学副校长汤化陶在大礼堂开学典礼上作报告。

1950年，汤化陶进藏纪念照。

汤化陶保存的新四军战友的照片

进藏的战友合影（汤化陶：右）

1940年，新四军某支队全体人员开会现场。

1946年，宿北战役纪念照。（右二为汤化陶）

汤化陶保存的18军战友的照片

新四军第四师师长彭雪枫在河南永城县战斗牺牲。图为骑兵师的勇士们打着“为彭故师长复仇”的巨幅标语冲向敌人阵地！

1951年，到达拉萨，在布达拉宫金顶留影。

1951年，到达拉萨后在简陋的办公室。（汤化陶：左）

江南一别六十余载

长袍马褂，
书生一介，
闽浙赣游击队，
挥师解放浙西北、湘南。
惜别水乡，
一别六十余载，
从江南走向高原
这一生注定与你结缘，
并蒂我的雪莲。

（图片来源：丁慈）

1944年，丁慈（左一）与胞弟丁士俊。

1945年冬，浙江衢州，学生时期的丁慈。

1945年，丁慈（右一）学生时期。

1955年夏，丁慈在昌都地区人民解放委员会工作时期。

中共浙江省委党史资料征集研究委员会编

（中共闽浙赣区（省）委城工部
在浙江资料专辑）

浙江党史通讯

1988

11-12
合刊

1952年春，丁慈在昌都地区人民解放委员会工作时期。

1954年，丁慈（左一）与同事合影。

1954年，丁慈（左）与胞弟丁士俊合影。

拉萨中学二十八个秋

1959年，正在四川省委党校学习的刘大道，奉命进藏，他来不及收拾、整理行装，车马兼程，星夜赶路，赶赴拉萨，参与西藏和平解放后第一所中学——拉萨中学的各项筹建工作。这一去，他一干就是二十八年！

“老西藏”，是一生无私的奉献！

“老西藏”，是默默无闻的牺牲！

“老西藏”，是艰苦创业、特别能吃苦的精神！

“老西藏精神”万古长青！

（图片来源：刘伟）

1960年冬，刘大道在拉中办公区前。

1960年春，刘大道与妻子袁灿贤在布达拉宫前留影。

校门口留个影

庆祝“五·一国际劳动节”

拉中老校园的大门

学生做广播操

1956年，在四川盐亭中学时的刘大道（前排右一）。

1985年，刘大道在拉萨中学校园里。

1965年，拉中第三届高中毕业生合影。校长张陶（二排左七），书记王银仙（二排左六），副校长刘大道（二排右五）

美丽的姑娘德钦旺姆

德钦旺姆，康巴地区甘孜县孔萨家族的最后一位女土司，天资聪颖，美貌动人。

她所生活的时代，正是军阀混战、内外交困的时代，她的身世命运多舛，34岁英年早逝，一生富有传奇色彩。

她和九世班禅卫队长孔萨益多一见钟情、相爱一生的浪漫爱情故事，在民间广为流传。

（图片来源：降边嘉措）

在那遥远的地方，有位美丽的藏族姑娘德钦旺姆。（庄学本/摄）

她的爱情，如诗如歌传佳话。

《最后一个女土司》的作者降边嘉措

作家笔下的德钦旺姆

德钦旺姆和丈夫孔萨益多（庄学本/摄）

德钦旺姆策马在高原（庄学本/摄）

据史书记载：德钦旺姆与长征路过藏区的中国工农红军和进军西藏的人民解放军有过积极的接触。
德钦旺姆（前右二）（庄学本/摄）

星火点亮人生—永恒的礼赞

是诗歌，
是战士，
亦或是诗歌的传奇。
您用星火点亮人生，
凝结不朽的生命礼赞。
不朽的诗人——
杨星火，
您的灵魂，
一定回西藏了
归来兮，
那片魂牵梦萦的高原！

（图片来源：唐武）

1944年，著名军旅作家杨星火学生时代在重庆。

1959年，在北京留影。

杨星火作词《一个妈妈的女儿》

1953年，在重庆和妹妹杨清华（左）合影。

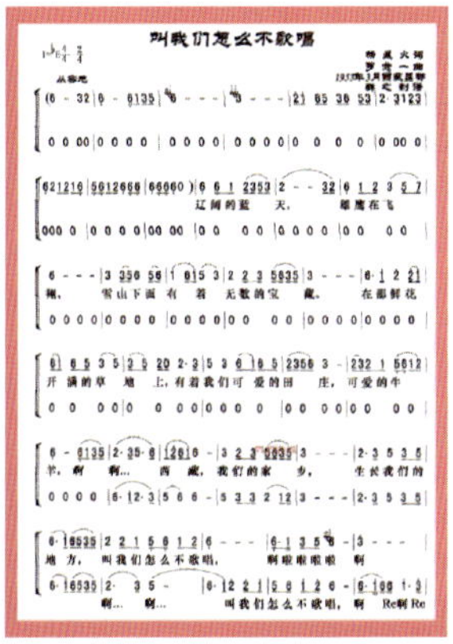

杨星火作词《叫我们怎么不歌唱》

1963年，杨星火在拉萨。

杨星火：《喜马拉雅的女儿》

杨星火：《唱给春天的歌》

杨星火：《西陲繁星》

杨星火：《查果拉的故事》

1989年，家中阅读。

全家合影

1963年，一家三口合影。

1963年，杨星火和丈夫唐和清合影。

“亲爱的战友，你们好吗？”

今年84岁高龄的陈钦甫，是千千万万18军老战士中普通的一兵。

14岁参军，在历经解放华北、淮海、渡江、挺进大西南、川西剿匪、进军西藏、筹建西藏公学的革命生涯里，他费尽心血保存了三百余张“岁月长河”的照片和相关资料，被誉为“红色历史的活档案”。

这些陆续在《老照片·新西藏》一至五集首次公开发表的图片和注解，成为宝贵的西藏历史影像而被中国军事博物馆、西藏博物馆等馆藏。这里展出的一组豫皖苏时期的“战友图”，迄今已60余年，超人的记忆，令吾辈不能企及。

亲爱的战友，你们看到了吗？你们在何方？

（图片来源：陈钦甫）

18军老战士陈钦甫近照

1950年6月，18军53师158团，从名山赴二郎山抢修公路。图为誓师大会一角。

赵季秋，豫皖苏三分区，后在18军军部。

赵秀珍，豫皖苏三分区，后在18军军部。

王莉蓉，18军53师，后调西藏歌舞团。

陈淑英，豫皖苏三分区，后调18军军部。

彭家英，18军53师政治部。

黄慧熙，18军53师，后调军大八分校又到53师。

胡淑君，18军53师，后调军大八分校。

张世莲，18军53师，后在波密分工委。

杨泽民，18军53师文工队。

车俊贤，18军53师政治部。

1951年底，战友在波密开荒，一边在前面用打麦子的棍棒把长满荆棘的杂草打倒，一边在后面开挖。（陈钦甫 左三）

李玉华，豫皖苏三分区，后调18军53师。

郑化济，18军53师政治部。

守军，18军53师159团。

王田，豫皖苏军区六分区，后调53师和18军部。

李磊，豫皖苏三分区。

孟宪文，豫皖苏三分区，后调18军53师。

谷正君，开封分团，后调18军53师政治部。

周广敏，豫皖苏三分区，后调18军54师。

三名渡江南下，一直随部队进藏的炊事班战士（张上士：后排右一，小王：后排右二，小罗：前排右二），1952年，在波密，与53师文工队战友合影。

徐芝，18军独立支队，后调西藏波密分工委。

赵德聚，豫皖苏三分区、后调18军53师。

张超，18军53师158团。

王杰，18军53师158团。

华山，18军53师政治部。

毛惠元，18军54师，后调军部。

许玉龙，18军53师158团。

第一代藏族女播音员

德庆卓玛，新中国第一代藏族女播音员，1930年出生，拉萨市人。

1951年5月23日，中央人民政府代表和西藏地方政府代表，在北京签订了《中央人民政府和西藏地方政府关于和平解放西藏办法的协议》，简称“十七条协议”。

消息传来，正在重庆西南广播电台工作的德庆卓玛，率先用藏语播音："西藏和平解放了"，这一激动人心的消息，通过电波迅速传遍了全世界！之后，德庆卓玛调到北京，在中央人民广播电台任藏语播音员。1955年，调拉萨有线广播电台工作，1958年调西藏公学任藏文老师。

时光不再，岁月永远铭记《西藏的女儿》。

（图片来源：德庆卓玛）

青年

中年

老年

三张不同时期的藏装，异样的风采，同样的美丽。

德吉的舅舅

德吉常提起她的舅舅洛桑旺堆：早年投身巴塘地下革命党、进步青年、18军的老战士等等。

2016年，一个夏日的早晨，在拉萨西郊德吉舅舅家的庭院，听舅母德庆娜姆的回忆、讲述，我将内容改写为“首批驻外使节”的别样人生。

（图片来源：德钦娜姆）

首位“中华人民共和国驻印度噶伦堡商务代表处代表”洛桑旺堆

身后是商务代表处办公楼门口

和同事在公务汽车旁留影（后左一）

1959年2月2日，代表处大门口，“华侨夫人”合影。德庆娜姆（前右一）、商务代表处代表黎志刚夫人龙云。（前右二）

1957年6月，在代表处大门口。前左始：唐才珍（藏语翻译）、龙云、德庆娜姆、刘应泉（印度语翻译）。后排左始：张保全、洛桑旺堆。

進軍西藏紀念
一九五0年三月
中國人民解放軍

第三章 史诗岁月

（左图来源：孔萍 崔素娟）

一段西藏电影往事

“1952年隆冬，刚刚成立四个月的八一电影制片厂，接受了总政治部赴藏拍摄《通向拉萨的幸福道路》的艰巨任务。该片总导演由解放军文艺杂志社的副总编胡奇担任。

父亲夏川时任西藏军区宣传部部长，以军事顾问的身份，协助八一电影制片厂的拍摄、生活、交通等工作”。

这是芦继兵回忆父亲及电影人一段鲜为人知的故事。

（图片来源：芦继兵）

军事顾问夏川

领队胡奇（左）和夏川

《通往拉萨的幸福道路》是一部以描写康藏、青藏公路修建和通车为内容的彩色纪录片。图为摄影师李俊（左）在拍摄中。

导演-韦林玉

摄制组到昌都

领队胡奇（左三），夏川（中），藏语翻译（右二）。

夏川同地方政府官员、喇嘛商谈摄制组生活保障事宜。

胡杰民（二排右二）在捷克人民军制片厂参观考察，后捷克派员支援影片的摄制工作。

摄制组到拉萨后欢迎仪式场面，捷克（左八）人民军制片厂专家。

八百里秦川——民院人

渭水之柳，
染绿了，
年复一年，
我们从五湖四海走来。
向日葵，
向着太阳歌唱，
簇拥在黄土塬。

春去秋来，
寒来酷暑，
日夜星辰，
几代民院人的梦想！
站在秦岭之巅！
我们喊山......
叫响了万里花海一片！

（图片来源：除特别备注外，其余均为本人或家属提供。）

第一章

首批民院人——你从军营走来（1958年入校的军人）
红旗永远飘扬在校园！

西藏公学（今西藏民族族大学）首任校长（兼）张国华塑像，坐落在校园内。（摄影：张玉）

2016年9月15日，西藏公学首任校长（兼）张国华塑像竣工落成。

白云峰

王敬之（前排左三）、汤化陶（后排左二）（图片来源：《老照片 · 新西藏》）

高启祥

邓亲和

陈波

李述勤

叶雪音

金丽光

熊慎

李颀

叶志宝

代仁宇

陈钦甫

汪朝光

邓龙华

朱庆春

尹培瑞（左一）陪同首长在拉萨。（图片来源：尹培瑞）

刘云飞

黄星堂

丁培萱

谢均安

王保璐

任永修（三排左三）和战友、藏族友人在一起。（图片来源：任永修）

18军女战士王艳玲

18军战士王国桓（左）

彭英全（前中），进军西藏的18军战士，后成为西藏民族学院学科带头人，成绩卓著。图为 1964年6月，西藏公学一部一班部分师生身着藏装合影。（王联芬：前右二　后排左三起：姚伯良、刘忠尧、陈钦甫）（图片来源：陈钦甫）

第二章

首批民院人——你从雪山走来（1957年入校的藏族老师）

民族兄弟血脉相连！

央金

强巴欧珠

嘉措顿珠

德庆卓玛

1952年，西藏工委组织的西藏第一批藏族学员赴北京中央民族学院学习。索康·计美(前排左一)（图片来源：德吉曲珍）

首批入校的藏族老师强巴顿珠(右)，拉珍(左)。
（图片来源：陈钦甫、中）

1960年，扎西次仁（左）和罗伯特顿南姆在美国威廉姆斯学院合影。

第三章

首批民院人——你从学校走来（1960年入校的大学毕业生）

“恰同学少年，风华正茂；书生意气，挥斥方遒”。

北京师范大学吴逢箴

北京师范大学陈恩渠

吴逢箴（前右二）在北京师范大学门前留影

陈恩渠在北京师范大学门前留影

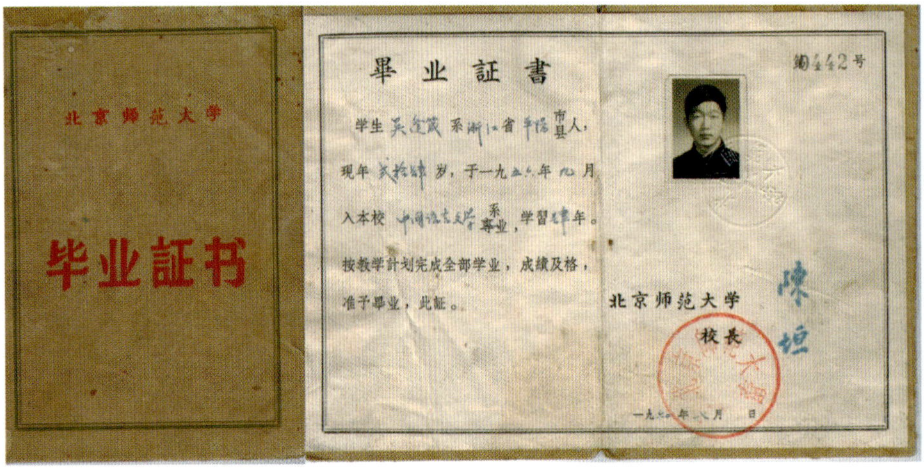

吴逢箴北京师范大学《毕业证书》

北京师范大学何启扬

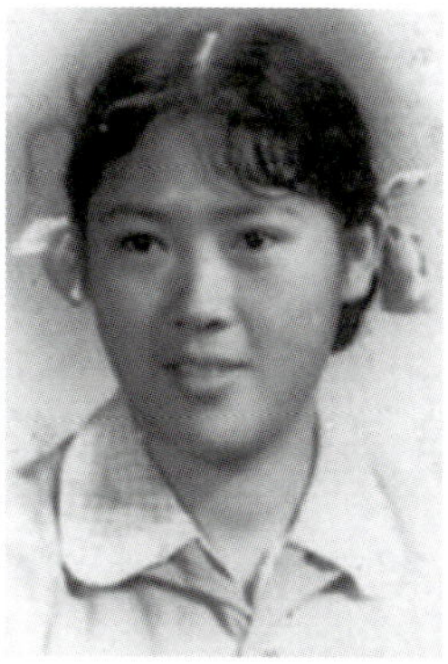

北京师范大学卢俭

陕西师范大学白自东

1959年春，何启扬（二排左一）和同学在北师大工会俱乐部门口合影。

1958年夏，卢俭（右）于北师大读书期间与同学在校门前合影。

白自东骑自行车在校门口留念

毕业文凭

学生 白自東 系 陕西 省 渭南 县（市）人，現年 25 岁，在本校 历史 系学习 四 年期滿。按教学計划完成全部学业，成績及格，准予毕业。

校长 刘泽如

付校长 郭琦 原政庭

一九六〇年七月 日

文凭登記第 00814 号

白自东陕西师范大学《毕业文凭》

华东师范大学顾祖成

华东师范大学胡秉之

1960年1月，与同班级学友合影于华东师大学门前。顾祖成（右二）

深思熟虑

1960年8月，华东师大校领导欢送历史、中文、政教三系进藏工作毕业生留影，摄于校部办公楼门前。第一排右起第四人为校党委书记、副校长常溪萍，第二排右起第三人为顾祖成。

中央民族学院韩兰勋

中央民族学院王联芬

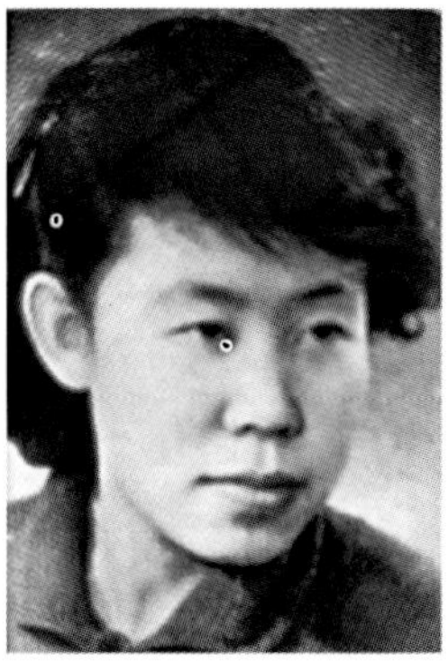
中央民族学院范亚平

西藏公学三部二十四班教师韩兰勋（右）耐心为藏族学生做文化课辅导。

1955年，王联芬在中央民族学院学习。

王联芬(左一)与同学在北海留影

范亚平在西藏定日县语言实习时留影。

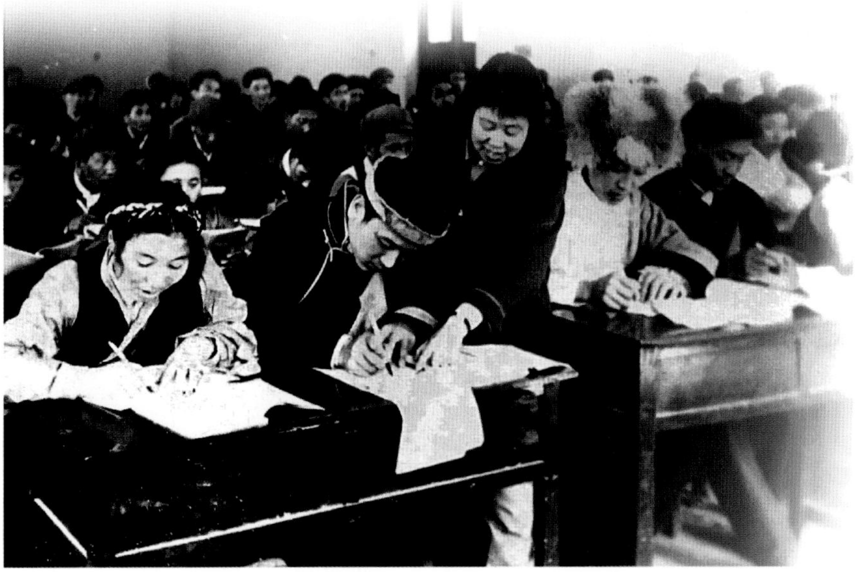
1960年，范亚平（站立者）为“速成识字教学”的门巴族学生辅导。

1955年，王联芬（前右四）在中央民族学院预科三班实习时全体师生留念。大部分人身着藏装，时尚！（图片来源：王联芬）

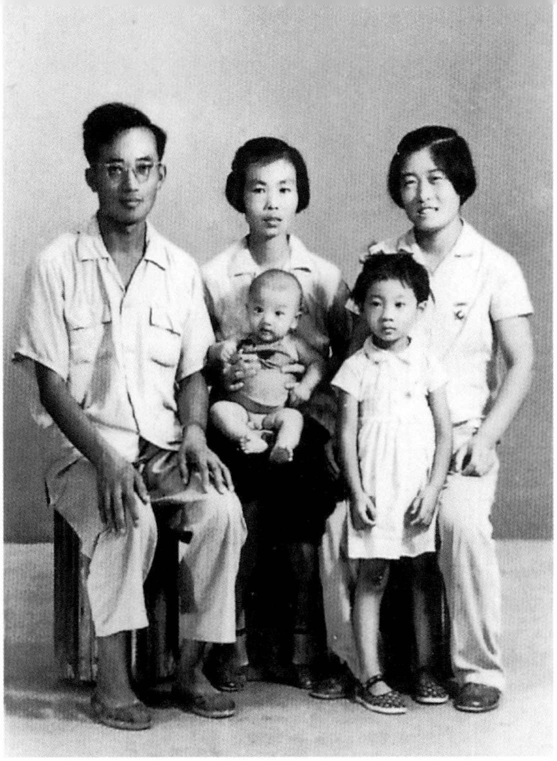

1960年，东北师范大学中文系毕业生李本惠（左一）、张志贤夫妇（左二）自愿报名支援边疆，在西藏公学执教。

致我的老师

校园如此的美丽，
大地这般诗意。
一次次回母校，
念恩师，
八百里秦川翘首。

岁月如此的娇艳
年华这般溢彩。
一次次念恩师，
望窗外，
三百六十五里路牵手。

鸟儿，
向着理想，
展翅高飞，
春风满园辉。
一次次再回首，
忆母校，
致敬，我亲爱的老师。

飞吧，足球

踢足球，
从少年、青年到壮年，
近乎痴狂！
执教一生，
他在一双儿女身上塑造，
哪管数九寒天。

足球梦？
谁说女子不如儿男，
脚底的旋风，
卷着痴迷不悟，
流连忘返！

一生太短，
来不及告别人生，
飞吧，足球
百年后。
绿茵场又是一条好汉！

（图片来源：德吉曲珍）

索康·计美在西藏民族学院任教期间留影

索康·计美（左）培养的足球运动员莫毅

1974年，索康·计美（中）与参加西藏第二届体育运动会足球队员在拉萨留影。

1956年，参加全国足球锦标赛的西藏青年足球队在青岛合影。（索康·计美：前排左三）

1956年，西藏青年足球队在北京体育大学集训，队员索康·计美（左）代表球队向苏联教授赠旗（前右）。

1979年，西藏民族学院成立女子足球队，索康·计美（前）给队员做运球动作示范，身手不凡！

历久弥新，致敬经典

《洗衣歌》，军民鱼水情深的歌，
《洗衣歌》，几代人传唱不衰的歌，
《洗衣歌》，我们心中永远的歌。

半个世纪过去了，这首老歌，一直在我们的耳边萦绕，心动神移，让时间驻足。

半个世纪过去了，这首老歌，犹如一杯老酒，醇香甘甜，醉倒酒窖，仿佛就在眼前。

也许，这就是经典！（图片来源：罗念一、叶鹏、李俊琛）

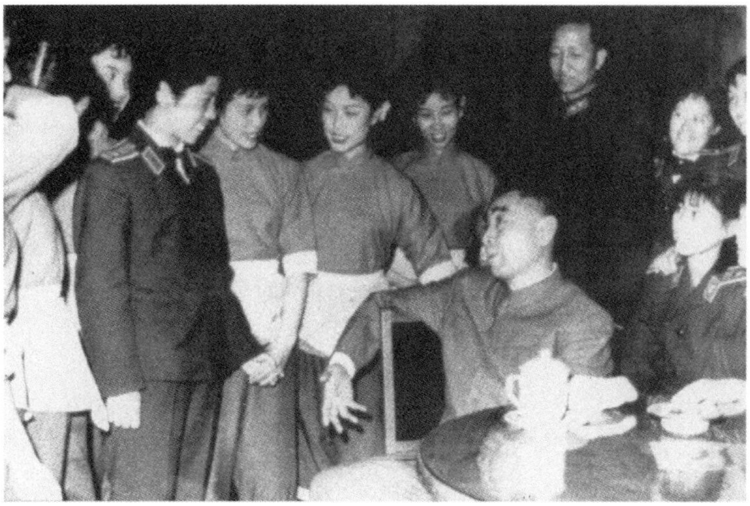

周总理亲切接见《洗衣歌》主创人员

《洗衣歌》的作曲者罗念一

《洗衣歌》的演出剧照

1972年，罗念一在西藏山南列麦公社为边防战士和当地群众演奏手风琴。

三任“班长”。左起：陈果（现任西藏军区文工团舞蹈队队长）、叶鹏(退休)、王延东（原西藏军区文工团教员，现退伍自主择业）

叶鹏（班长饰演者）和饰演小卓嘎的演员纪晓红在西藏拉萨大昭寺南广场为藏族群众演出《洗衣歌》（王勉之提供）

2005年，叶鹏（二排中）在中央电视台《舞蹈世界》栏目录制《洗衣歌》与西藏军区文工团演员合影。

中央民族学院影集写真

今年三月，西藏民族大学退休教师王联芬，得知我正在编著《老照片·新西藏》第五集，将家中所有影集和盘托出，供选择。其中：毛泽东、刘少奇主席与学生代表合影、著名教授于道泉、藏学专家王尧、中央民族学院学生赴藏实习等黑白照片，均为首次公开发表。

这些黑白老照片，年代久远，已经泛黄褪色，投稿人珍藏着一份真情，心中念念不忘共产党。

（图片来源：王联芬）

1955年，中央民族学院赴藏实习队到达拉萨后在布达拉宫前合影留念。王联芬（前左三）

赴藏实习队在拉萨小学教室内讨论实习计划。（王联芬 右六）

于道泉教授（后排左三）和部分同学在中央民院校园内留影（王联芬前右一）

1955年，王联芬（前左一）等同学在中央民族学院校内师生合影 。 王尧（二排左一）著名藏学专家。

日喀则文工队舞台春秋

首批进藏女兵娜喜，同苏国柱、高永鑫、甘耀中、申竹林等老战士，自始至终情牵《老照片 · 新西藏》的征稿工作，耄耋之年忘我投入，让我感动！

这里整理、辑录的日喀则文工队的故事，是一段久远了的文艺工作者的亲历和见证，每一张图片回忆，内容详尽，图文并茂。

据娜喜回忆："日喀则文工队筹建于1952年4月，由西北进藏和军区文工团等40余名同志抽调组成，当时，住在'多巴'院内，指导员姓田，队长姓赵，组建后的第一任务是全力以赴，投入迎接十世班禅离别二十九年后，回故乡的欢迎演出等工作"。

（图片来源：娜喜）

日喀则地区第一批从事文艺工作的少年，也是第一批进北京城参加全国文艺汇演的最小演员，又是保送中央民族学院艺术系学习的先进少年，后来又成为西藏文艺界的骨干。图为1957年在北京中关村相馆与辅导员娜喜一起合影。（前排右始：彭多、小索娜、则结、穷达、边珍，后排左始：娜喜、边巴、仁青、琼琼）

1957年，在北京友谊照相馆留影。

1953年，西藏军区文化部副部长魏克、军区文工团副团长来日喀则文工队视察、慰问时与日喀则分工委宣传部部长、文工队领导合影。（右起田指导员、副团长、魏克、夏时清、赵队长）

1957年，留在中央民族学院学习的文工队和西藏歌舞团的演员在艺术系门前合影。（前排左：琼琼、穷达、次央、彭多、格曲，二排左：娜喜、仁青、小索娜、普则、边巴、尼珍等）

1956年，在日喀则定日宗（县），为江孜至日喀则筑路部队演出新疆舞蹈。（舞者：娜喜，右起：向东、汤佩清、李树春、牟贵华）

1952年，在日喀则“教务场”演出《苏联集体农庄》舞蹈。（前排右：小孙、高乐政、娜喜、梁玉英、年华、周杰，后排左始：向东、马少勇、陈振邦、牟贵华、卓玛加）

1954年，在日喀则文工队院内合影。（右起:权玉静、索娜、高乐政、娜喜、周杰）

1952年，从文工团调日喀则文工队的同志，在驻地院内合影。（前排左起：赵队长、周杰、牟贵华，后右始：高乐政、娜喜、权玉静、朱文明等）

1952年，在日喀则扎西岗村演出《红旗飘飘》舞。（右起钟秀英、权玉静、年华、娜喜等）

1955年，采风时在拉孜宗（县）牧场向民间艺人学习舞蹈《堆协》。（前坐右起陈其祥、罗追、牟贵华，右站葛若良，娜喜左）

1953年，在文工队院内，学习藏语文的学员们与藏文老师米吉、旺扎合影。（后三排右起：米吉、夏时清、旺扎、史则明，前排左三权玉静、娜喜、冯希等）

有一本《文学》

——写于2017年7月《西藏文学》创刊40年

有一本《文学》，
诞生在高原，
《西藏文艺》的青年，
歌唱生活，
抒发情怀，
风雨四十年载。

这本《文学》，
是精神的家园，
雪域的风，
民族魂，
一代代的文学大师，
辉煌成就瞩目文坛。

《西藏文学》，
百花齐放，
姹紫嫣红，
继往开来的《文艺》青年，
引领潮流，
站在了世界之巅！

（图片来源：土旦塔杰）

《西藏文学》1977年（创刊）和1981年合订本。

《西藏文艺》1980年第四期

《西藏文学》1986年第一期

《西藏文学》1997年第一期

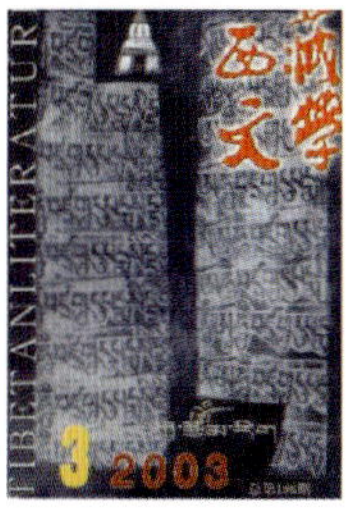

《西藏文学》2003年第三期

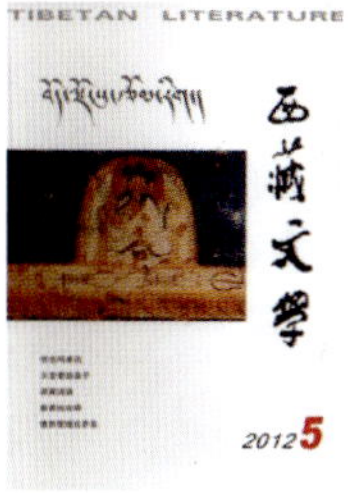

《西藏文学》2012年第五期

《西藏文学》编辑部合影。（左始：邵星、张琦、刘梅、吉米平阶、次仁罗布、毕堃霖、土旦塔杰）

根据著名作家扎西达娃的文学名著《西藏，系在皮绳结上的魂》改编的电影《皮绳上的魂》（宣传画）

次仁罗布：《放生羊》

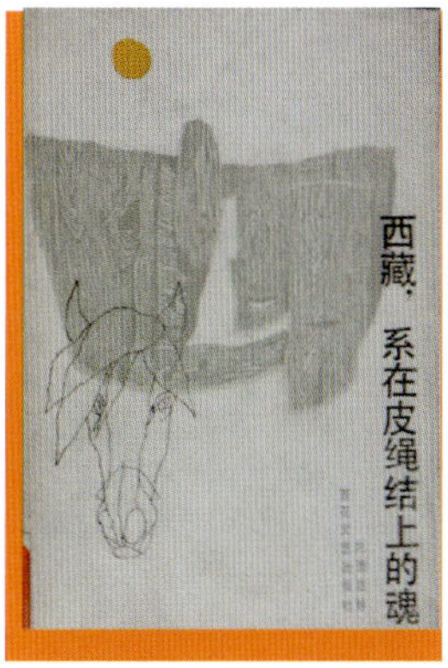

扎西达娃：《西藏，系在皮绳结上的魂》

吉米平阶：《叶巴纪实》

《西藏文学》2017年创刊40周年作品回顾展

那年，那事，那批兵

那一年，
三月的河西走廊，
寒风肆虐，
飞沙走石，
边地无人烟。

那一批，
陕籍富平县千余名青年，
冬季入伍，
雨夜集结。
一声长笛，
风驰电掣军用车站，
人声鼎沸，
西藏平叛的战役在召唤......

祁连山，
白雪皑皑，
连绵无际，
嘉峪关，
西陲长城无限壮观！

（图片来源：惠印德）

陕西省富平县《雪域壮歌》编委会编辑的《雪域壮歌》一书的封面

1959年10月5日，毛泽东等党和国家领导人接见全军十届国庆观礼代表团并合影。参加平叛的11师师长余致泉（右上角）、孤胆英雄富平籍战士田都来（左上角）也在其中。

富平六中入伍部分学生合影

养父母送何志德参军照

甘肃临夏军营留影

第11师在西藏平叛进军途中

32团1营机枪连部分战士出征二号地区战役前的合影。（一排左起：李炳杰、朱伯印、张立宪、杨重阳、赵修海、樊有德、刘学智）

1961年，部分陕籍战士在日喀则。（前排左：张全生、张来利、黄隧远，后排左：刘兴华、乔金荣、刁明海、王宗印、吴忠发、程武）

32团通信连陕籍战友合影。（左始：李正荣、萧实权、潘志民、计道全、朱金科、梁文栋、刘志惠）

1962年10月，参加中印边境自卫反击战，田永安，陕籍入伍军人。

陪同11师秦明副政委赴中尼边界检查边界工作（后排左始：张世茂、秦明、唐振国）

我军向入侵印军反击

我军反击作战——强渡冰河

正义之师，凯旋而归。

谨以此书

纪念

陆军第十一师创建八十周年
中印边境自卫反击战胜利五十周年

献给

在雪域平叛、对印作战和建设西藏事业中
光荣献身的全体战友们

陕西省富平县《雪域壮歌》编辑委员会

二〇一二年清明

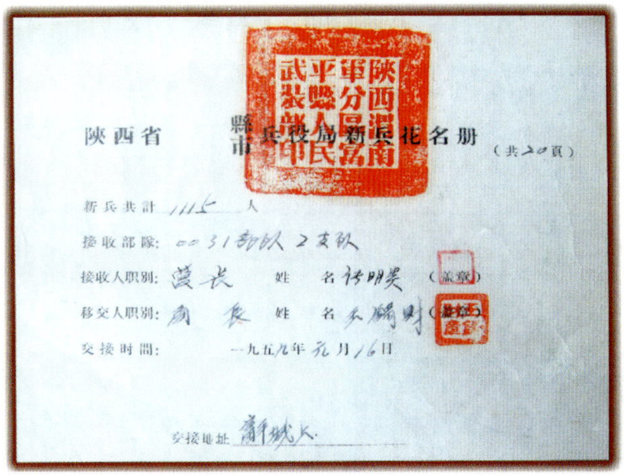

陕西省　县/市兵役局新兵花名册（共20頁）

新兵共計 1115 人

接收部隊：

接收人职别：　姓　名　（盖章）

移交人职别：　姓　名　（盖章）

交接时間：一九五九年　月16日

交接地址

入伍批准书

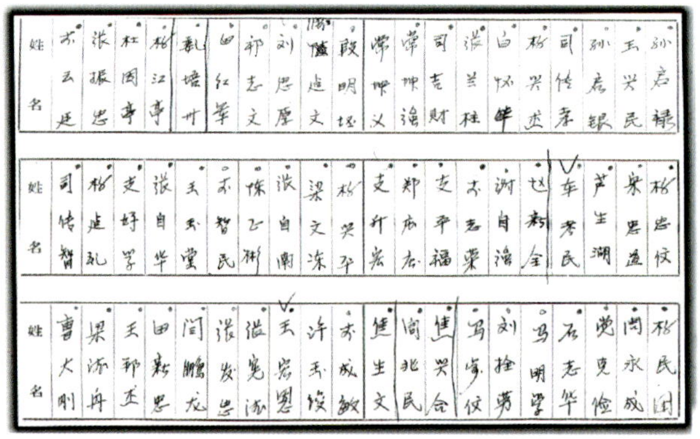

牺牲的部分烈士姓名

“西北望，射天狼”

捍卫祖国疆土完整，解放军既是伟大的解放者，又是最早的探险家。想当年，18军西北独立支队，从青海香日德出发，越过通天河，翻越唐古拉，向西藏挺进，景象何其壮观浩大，茫茫荒原上，仅骡马、骆驼、牦牛等就排出几十公里长。铜铃声声，叩打着沉睡万年的高原。在终日不倦的行走中，我军战士踏着由一座座高山做台阶的高原“天梯”，走向纯净的蓝天。

如今，几位健在的西北进藏老战士，为我们讲述那段难忘的亲历......

（图片来源：任民、徐明德、甘耀忠、张生蓉、傅伟、吴景春）

1982年，慕生忠将军（右一）视察格尔木，看望首批修筑青藏公路的老工人（左一），18军老战士任民（中）。

慕生忠将军

1982年夏，慕生忠将军视察西藏自治区人民政府驻格尔木办事处中学时合影。慕生忠将军（前左三）、任民（前左四）

任民

徐明德

甘耀忠

1955年，任民、张生蓉夫妻合影于拉萨。

任民

1923年3月出生，陕西省榆林市人。

1948年，参加革命。

1951年，调18军西北独立支队，任范民司令员秘书。

1957年，调格尔木青藏管理局党委宣传部，组建格尔木小学（后为西藏驻格尔木办事处中学）并担任校长。

1985年，离休，时任格尔木中学党总支书记。

1949年，徐明德（后右一）进藏前摄于兰州。

1957年，江孜分工委干部充分发扬自力更生精神，喜获丰收。甘耀忠（二排右一）

张生蓉

傅伟

吴景春

1952年，恳荒建设“七一”农场时，十八军独立支队的女兵荣获“劳动模范小组”称号。（后排右二：张生蓉）

1951年，西北进藏女战士吴景春（前中）等途经通天河。

进军西藏前，傅伟（后排左一）与战友李文峰（后排左二）、赵文峰（前排左一）、安家玺（前排左二）在兰州合影。

江孜古城掠影

甘耀忠，1932年出生，江苏宜兴人。18军西北独立支队进藏老战士。1951年3月，由共青团中央从江苏宜兴抽调的专职共青团团干部，奉命在兰州报到，从青海进藏。

1957年，甘耀忠自购一台蔡司依康F3.5标镜折叠相机，业余拍摄了许多反映西藏革命的黑白照片，其中，以江孜生活居多，在报刊上发表，并参加自治区图片巡回展览。现摘录了其中的几张，以飨读者。

（图片来源：甘耀忠）

1958秋，江孜分工委阴法唐书记，高兴地抱着机关干部发扬自力更生精神种植出的几十斤重的大萝卜。
（甘耀忠摄于1958年）

1959年10月，江孜同普谿卡的农奴们正在欢天喜地打场，当年对参叛领主的土地，实行“谁种谁收”的政策。
（甘耀忠摄于1959年）

1959年12月，进行了民主改革，江孜东郊扎奎谿卡（原属班禅堪厅）的，农奴边多一家除田地农具外，还分到了奶牛及牛犊各一头，欢天喜地牵回家。（甘耀忠摄于1959年12月）

1955年10月20日，日（喀则）江（孜）两地同时举行庆祝日江公路通车典礼，各界代表向中共江孜分工委书记阴法唐同志敬献哈达。（甘耀忠摄）

1904年，英帝国主义发动第二次侵藏战争，从中锡（金）边境越乃堆拉山口侵入亚东春丕谷，在帕里、曲米仙谷、乃宁、江孜等地，一路遭到各地军民的猛烈抗击。图为1962年8月，时年78岁曾参加过抗英斗争的当地村民波索朗给乃宁小学师生讲述抗击英国侵略军的亲身经历。（甘耀忠摄）

你还记得西藏革命展览馆吗？

朋友，你还记得西藏革命展览馆吗？

上世纪六、七十年代，同布达拉宫广场的文化宫礼堂一样，它是拉萨的一座标志性建筑。当年，西藏革命展览馆馆长黄文焕、老西藏甘耀忠，在它门前留影。

曾记否？六十年代中期，大型泥塑《农奴愤》在馆内展出，门庭若市，还有各类图片和摄影展览，也吸引了不少观众。

右下角一展览馆全景照片，因放大后效果不好，不能编排在本书的第一章《金色回忆》，但它所反映的场景和事件仍十分珍贵。

（图片来源：甘耀忠、宋惠玲）

1966年冬，西藏革命展览馆馆长黄文焕在门前留影。

1965年，甘耀忠在西藏革命展览馆门厅留影。

1965年冬，西藏革命展览馆工作人员屠思华（左一）、西藏军区政治部邓处长（中）、甘耀忠（右一）在馆前留影。

1965年9月，西藏各族各界干部、群众热烈欢送中央代表团离开拉萨返回内地。左边为西藏革命展览馆全貌。（甘耀忠摄）

我叫“高原知青”

扯一片白云当被，
头枕蓝天，
背靠雪山，
广阔天地，
我们在高原落户安家。

吃糌粑，
喝甜茶，
捡牛粪，
黝黑的臂膀，
“高原红”两腮挂。

推开门窗是朝霞，
低头耕作是良田，
苦乐年华蹉跎月，
高原知青顶呱呱。

（图片来源：内详）

江苏知青 （图片来源：张爱斌）

新华日报　　1977年2月2日　星期三　第三版

高原落户记

1977年2月2日，《新华日报》刊登了记者杨挺志写的报道《高原落户记》，报道了江苏赴藏知青在仁布县的学习生活情况。

1976年10月28日中午，南京人民在火车站欢送江苏赴藏知青。火车车窗左始：林社章、江跃

1976年10月下旬，江苏22名赴藏知青出发前在南京大桥合影。

龚若公社全体知青与社员合影

1976年11月14日，江苏赴藏知青在翻越唐古拉山时合影。

龚若公社知青和藏族社员一起揭批“四人帮”，站着带领大家呼喊口号的是俞金陵。

刚到西藏拉萨在布达拉宫前留影

德吉公社全体知青合影

1976年，在德吉公社插队知青和藏族社员一起学习。

1976年，在德吉公社插队知青向公社书记白玛仁增敬酒。

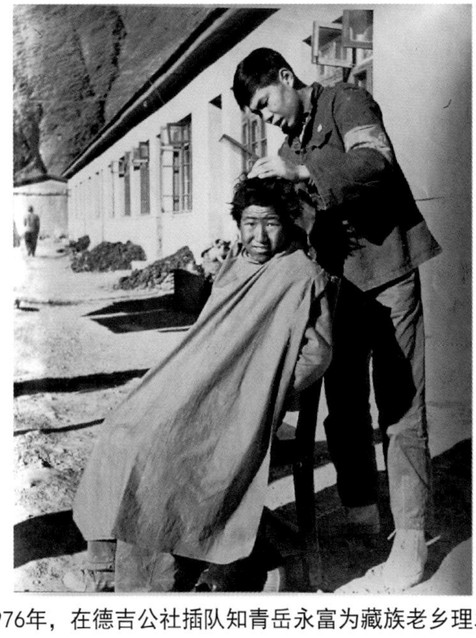

1976年，在德吉公社插队知青岳永富为藏族老乡理发。

上海知青 （图片来源：张常红）

1976年5月，上海知青张常红的母亲（左）送女儿到拉萨。

1976年5月，在日喀则县甲措区塔杰公社。（左始：丁绍仁、黄卫星、王红敏和张常红）

1976年12月2日，上海知青张常红(前左六)在日喀则地区机关大院与江苏知青合影。

北京支边青年（图片来源：冼德刚）

1965年，西藏军区生产部首长和首都支边青年合影。（冼德纲：后排右二）

参观拉萨皮革厂（冼德纲：前排左一）

参观农机修配所（冼德纲左列第二）

湖北知青 （图片来源：邓和平）

钱建新，湖北武汉人，1976年，武汉大学毕业，自愿报名到西藏日喀则“上山下乡”。1978年3月7日，因抢救山火牺牲，时任吉隆县吉隆区政府代理文书。1979年，被西藏自治区人民政府追认为革命烈士。

青春的火焰映照拉多拉山

——武汉女知识青年钱建新为建设西藏英勇献身

一个风雪交加的冬天，在西藏高原喜马拉雅山脚下的吉隆县卡邦公社的拉多拉山坡上，公社社员们正在为牲畜准备过冬草料。一位身着藏装的年轻姑娘，挥镰割草，干得正欢。休息的时候，她操着流利的藏语，同社员们亲切交谈；饿了，同大家一起抓糌粑，喝酥油茶。晚上，她同大家一样，睡在草地上。她，就是来这里插队落户的武汉知识青年钱建新。

钱建新一九五三年出生在一个温暖舒适的家庭里。她在党的阳光雨露哺育下，健康地成长起来：一九七二年三月，这位刚满十八岁的姑娘就光荣地加入了中国共产党。一九七六年，学校生活即将结束时，同学们热烈地谈论着理想。钱建新在向学校党组织的申请报告中写道：“我志愿申请到西藏农村去，把自己的一生献给百万翻身农奴，为建设边疆作出贡献。我是一个共产党员，党的需要就是我的理想。”

一九七六年十一月，钱建新怀着建设边疆的雄心壮志，告别生活二十多年的可爱家乡和朝夕相处的亲人，来到世界屋脊的西藏高原。

她从来到卡邦的第一天起，就虚心地向群众学习藏语，并拜十一岁的小学生多杰为老师，每天学到深夜。不到几个月，钱建新就能用藏语同大家交谈了。在大城市吃大米白面长大的钱建新，来到高原偏僻的山沟，一闻到酥油味就呕吐，一吃糌粑就胃痛。可是，这并没有难倒钱建新。她为了适应新的生活习惯，索性把酥油抹在鼻尖上；她硬是不吃上级照顾她们的大米白面，餐餐抓糌粑。不到几天功夫，人们便看到她同群众一起，津津有味地抓吃糌粑，喝酥油茶了。

钱建新在卡邦这块土地上一步一个脚印地前进。第一个春节过后，大雪覆盖着田野。生产队决定派一部分强劳力去山里将锯好的木板背回来修盖房屋。钱建新得知派工名单里没有她时，赶忙去找队长：“我是队里的人，为什么不让我去？”队长给她解释，这活太重，路特别远，而且要钻树林，走山路，爬五六十度的陡坡，不要说妇女不让去，就是体力较差的男社员也没有派。可是她还是要求去。队长扭不过这个犟姑娘，终于答应了她。从小走惯了柏油马路的城市姑娘，去爬陡峭的羊肠小道，困难是可想而知的，何况还要背上几十斤重的木板呢？但是，既然是来建设边疆，就不能怕吃苦。她学着当地群众的背法，把背绳套在头上，没走几步，就头昏眼花。她谢绝了别人的劝说和帮助，咬着牙，坚强地跟着队伍一道前进。社员们向她投以赞叹的眼光。

夜深了，筋疲力竭的钱建新回到家里，感到脑袋有千斤重似的，背上疼痛，脚也肿了。她正要躺下来休息的时候，突然想起白天劳动时看到桑布老阿爸和其他几个社员脚上穿的胶鞋快破了。她立即爬起来，走到桑布老阿爸和其他几个社员家里把胶鞋要来，在灯下一针一线地缝补起来。钱建新来卡邦后究竟帮社员补了多少胶鞋，人们没有去统计。大家只知道，她妈妈从武汉一次又一次地寄来顶针、锥子、麻线等补鞋工具。在不长的时间里，钱建新同卡邦藏族人民结下了深厚的情谊。卡邦人民给她取了个藏族名字，叫“德吉卓玛”，意思是幸福女神。他们说，拉多拉山的杜鹃花最红，我们的德吉卓玛同卡邦人民最贴心。我们的德吉卓玛就是来同我们一起创造幸福的。一九七六年，他们把心爱的德吉卓玛推选为代表，先后参加了日喀则地区和吉隆县的人民代表大会。

由于工作需要，上级决定临时调钱建新去吉隆区帮助工作。卡邦人民听到他们的德吉卓玛暂时要和他们分别的消息后，纷纷赶来送行，千叮咛万嘱咐：德吉卓玛，你一定要回来啊！钱建新抑制不住激动的眼泪说：亲人啊，我一定要回来的！

一九七八年三月七日下午三时，刚刚调到吉隆区担任文书工作才四天的钱建新，正在埋头整理急待上报的材料。突然，外面人声鼎沸。钱建新赶紧到室外去看，迎头碰上区委领导同志对她说：“冲色那边森林失火，我们去救火。你留在区里看家，抓紧把材料整理出来。”说完带着队伍匆匆走了。可是，当区里的救火队伍奔到现场时，只见钱建新的棉衣已经甩在一边，火光中映照出她正与烈火搏斗的英姿。烈火乘着风势，卷着浓烟，火焰窜起几十丈高，整个山林成了一片火海。全区迅速组成灭火大军，与山火展开了英勇搏斗。在这场灭火战斗中，哪里火势最大，钱建新就出现在哪里。滚滚浓烟使得她睁不开眼，喘不过气，熊熊烈火，烧焦了她的头发，可是她全然不顾。人们发现砍身旁英勇奋战的是个身子单薄的姑娘，就厉声命令道：“快到火小的地方去！”得到的却是斩钉截铁的回答：“不，这儿就是战场！”钱建新身上着火了，人们把她从火中拉了出来，她扑灭身上的火，又冲了进去，再一次被拉出来，她又一次冲进去……。经过两个多小时的战斗，山顶的火基本扑灭了，人们正准备扑灭残焰时，大风骤起，山腰上的残火又乘风猖狂起来，凶猛的火舌一窜几十丈。正在山顶与余火酣战的钱建新立即冲了下来，钻进了火海。突然，狂风卷起一股浓烟和毒焰向她扑来，把她打倒在地。同烈火激战了两个多小时，已经筋疲力竭的钱建新，再也没有爬起来。烈火无情地夺去了这个二十四岁的共产党员的生命。当人们发现她的时候，她手里仍紧握着打火工具。

山火被扑灭了，钱建新那壮丽的青春的火焰，却在卡邦人民心中熊熊燃烧起来。钱建新为抢救国家财产英勇献身的消息传到她生前战斗了一年零四个月的卡邦，全村人都禁不住失声痛哭了。他们说，我们的德吉卓玛，为了建设祖国的边疆，献出了宝贵的生命。我们一定要把我们的家乡建设得更加美好。西藏自治区党委和革委会追认钱建新为烈士。日喀则地委和吉隆县委分别授予她“中国共产党的好党员”、“优秀知识青年”的光荣称号。最近，共青团西藏自治区委员会又发出号召，号召全区共青团员和青年向钱建新学习。

新华社记者 谢邦民 群桑

（本报有删节）

1979年5月4日，《人民日报》第四版：
《青春的火焰映照拉多拉山》
新华社记者：谢邦民 群桑

1976年11月，湖北高校五名大学生到达西藏日喀则地区吉隆县，受到县党政军民各界隆重集会欢迎，五名大学生步入会场。从前依次为：武汉大学钱建新、邓和平，华中理工学院(现华中科技大学）万有全、方河贞和华中师范大学周强。

1978年，钱建新部分骨灰下葬吉隆县烈士陵园。

2013年，时隔三十五年，钱建新的同学邓和平（右）等赴日喀则吉隆县烈士陵园祭奠烈士。

陕西知青（图片来源：陈琳、韩奋）

蹉跎岁月，苦乐年华。1975年秋，西藏生产建设师澎波农场知青连驻地，女知青正在排练文艺节目，一个小乐队，乐器还比较齐全。

1975年3月，千里迢迢、初上高原的陕西知青，在布达拉宫广场留影，带队老师汪宝琪（二排右三）。

西藏知青 （图片来源：宋景原）

1975年，拉萨中学七五届高中毕业生下乡前，依依惜别，师生合影。

下乡纪念册

四十二年，弹指一挥间，重归故里，变了人间，感慨万千。图为2017年，当年在拉萨曲水县下乡的知青宋景原（左三），回乡看望房东，生产队长旺堆（左二）、会计恒珠坚赞（左一）。

拉萨小学开学了

1955年2月22日，毛泽东主席接见十世班禅大师时说："我们人民解放军，进西藏，给西藏人民做的事情并不多，修通两条公路，办了两个小学......"这里指的小学就是拉萨小学和日喀则小学。

拉萨小学原名叫赛星拉卜扎，是一所贵族私塾小学，和平解放后，更名为拉萨小学，现为拉萨市第一小学。

今天，我们穿越半个多世纪的时空，追忆那些人、那些事、那些场景，不免感慨万千。

（图片来源：宋惠玲）

1951年，黄文焕与宋惠玲夫妇参与了拉萨小学的筹建工作。图为1980年，宋惠玲夫妇在罗布林卡游园合影。

1952年夏，在西藏工委的关心以及社会各界的支持下，拉萨小学正式开学了，适龄儿童踊跃报名入学。当时，学校所有课程，无论是汉族还是藏族老师，都用藏语授课，是我们认真执行“十七条协议”，使协议在西藏深入人心的一个典型事例。

图为黄文焕教授（时任校辅导主任），借用简单的教具为学生授课，孩子们听得津津有味。（图片来源：宋慧玲）

1953年，黄文焕在刚刚开学的拉萨小学校院内，身后隐约可见送孩子上学的家长和骡马。

1956年，王联芬在拉萨小学实习时和藏族学生合影。

王联芬（后右一）、张家秀（后左三）在拉萨小学实习时和藏族学生合影。

拉萨市第一小学新貌

“望子成龙”，藏族学生父母隆重地送儿女上学。

武汉，有个“西藏印象”

武汉西藏印象，成立于2010年7月，位于湖北省武汉市汉口商业闹市区，系武汉唐古拉汉藏文化交流有限公司创办及运营管理的大型藏文化体验综合体。内有臻品体验馆、藏民族文化产品展区、民族文化艺术长廊、西藏农副产品专区，以及西藏印象艺术团表演舞台，藏文化珍品陈列室等等。是华中地区体验雪域风情的“藏文化博物馆”。

（图片来源：曾顺子）

大门外景图

夜景图

武汉西藏印象创办人、武汉唐古拉汉藏文化交流有限公司董事长：斯朗·丹增曲培。

湖北省建藏援藏工作者协会在西藏印象举行，来自西藏的文化艺术团表演了精彩的文艺节目。

西藏印象的室内大厅，民族风格浓郁，吸引中外游客驻足参观游览。

战士与篮球

1950，西南军区在陈毅老总的关心下，成立了“战友篮球队”。翌年，18军后方司令部成立了“战士篮球队”，这支篮球队即后来的西藏军区篮球队，先后代表西藏军区参加了多场竞技比赛，并获多项好成绩。

李筏，四川省泸州市人，1929年出生。1951年，在西藏军区文化部工作，战士篮球队“后卫”。1983年后，任西藏自治区体委党委书记，曾多次带队参加全国体育竞技比赛，见证西藏体育的发展。

（图片来源:：李筏）

“18军原来有个篮球队，主要是豫皖苏老区来的一批战士，1951年后，与西南入伍的一批战士合并。”

1952年，西藏军区后方部队篮球队。

1951年，18军战士篮球队进军西藏前夕在四川新津留影。（李筱：后排左四）

1952年，西藏军区男篮赛后留影。（李筱：后左二）

1952年9月1日，西藏军区和西藏布达拉宫足球队在西藏军区门口进行第一场比赛，当时，没有足球场地，都是鹅卵石地面。

18军女子战士篮球队队员合影

进藏之前，18军战士篮球队女队员合影。
（邓清超：前排右二，罗倩云：后排左二）

1959年9月6日，西藏男女篮球队参加全国运动会（长沙分赛区）合影。

“革命事业是我们的红娘”

一个是18军战士李留原，一个是美貌的藏族姑娘娜蓉，入藏途中，两人被分在了一个班，共同的理想和生活，将他们连在一起，1955年，结为革命伴侣。从此，在西藏工作了近40年，携手走过人生一个“甲子”。

执子之手，相濡以沫，这就是老西藏的革命爱情。

（图片来源：李留原）

娜蓉身着藏装照

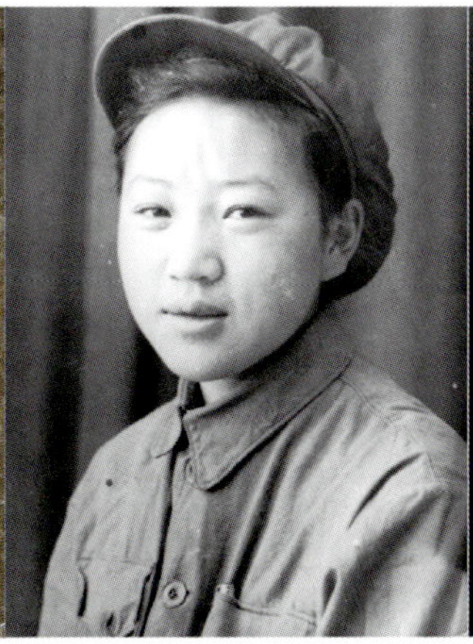
娜蓉身着军装照

李留原身着军装照

娜蓉在贸易公司前面照

革命伴侣喜结连理

啊，摇篮

1951年，在拉萨成立的藏文干部培训班，是西藏军区藏干校的前身，50年代初，这所干部的摇篮，曾涌现很多拥有语言天赋的佼佼者，18军战士邓龙华就是其中的一位。

从我记事到70年代末，我们和邓老师家一直是前后排邻居，青年时代，他曾担任藏干校的藏语老师，才华横溢，后在西藏民族学院任职，从事相关教学。1977年，恢复高考后，他又出任语文系藏语班的藏文教师，藏语、藏文书法造诣很高。1980年，英年早逝。

（图片来源：邓蜀李）

邓龙华

1954年，吴光旭（左）、张晓帆（中）、邓龙华（右）在拉萨军区干校合影。

1955年，西藏军区干校的藏文老师与部分藏、汉族学员合影。

1955年，邓龙华同志从军区干校（三排右一）去塔工地区修路指挥部，任藏文见习翻译前合影。

1955年，邓龙华（右三）、朱庆春（左三），以及西藏军区干校藏文班部分战友合影。

校园里，我们见证成长

北京、上海、天津，
武汉、成都、西安、湖南......
西藏中学从高原到平川。
谁言我们远离父母，
莫说告别美丽家园，
我们沐浴在温暖的阳光。
老师胜似父母,
生活比蜜甜！
祖国就是家园!

（图片来源：北京西藏中学、武汉西藏中学）

1987年，举行北京西藏中学奠基典礼。西藏自治区党委副书记丹增（前左五）、国家教委副主任xxx(前左六)、北京市副市长张百发(前左四)等参加。

北京市政府召开西藏中学筹建会，时任副市长陈昊苏（正面左一）、张百发（正面左二）参加。

1987年，北京西藏中学第一批学生抵达北京火车站。

1987年9月24日上午9时，我校首届开学典礼在翔云楼宾馆礼堂隆重举行。西藏自治区党委书记伍精华、北京市委副书记徐惟诚、北京市副市长封明为等出席。

1991年，北京西藏中学初中学生首届毕业典礼。

西藏学子向往的地方——北京西藏中学

武汉西藏中学创办于1985年，是全国首批内地西藏班（校）之一，前身为湖北沙市六中西藏部、荆州中学(新区)西藏部。2005年8月，西藏班从湖北荆州迁至武汉市，更名为“武汉西藏中学”。

2009年6月，新校区开工奠基仪式会场。

2012年11月25日，第十届全国人大副委员长热地（左二）视察学校校史馆，湖北省政协主席杨松（二排右二）、武汉西藏中学校长彭开元（左一）陪同视察。

2010年7月18日，武汉西藏中学新校区落成暨开学典礼，主席台站立者为武汉西藏中学校长彭开元。

第四章 青春之歌

（左图来源：陈军）

花样年华

有没有一种美丽，
能够成为永恒，
没人告诉我，
只有草原上盛开的格桑花！
有没有一种笑脸，
让我们永远感动，
没人告诉我，
只有雨霁之后惊艳的七色彩虹！

马淑卿 王联芬 王普美 冬　秀 叶志宝 卢　俭 刘遐玲 吕耀清
张树屏 张心一 宋惠玲 时钟曼 张生蓉 李　颀 李述勤 李彩银
余兴华 周　莹 金丽光 范亚平 钟惠成 唐静玲 黄崇德 德庆拉姆
德吉曲珍（按姓氏笔画排列）

★备注：本章照片，均为本人或家属提供，“个人简历”根据自述整理，未经核实，不足为证。

马淑卿

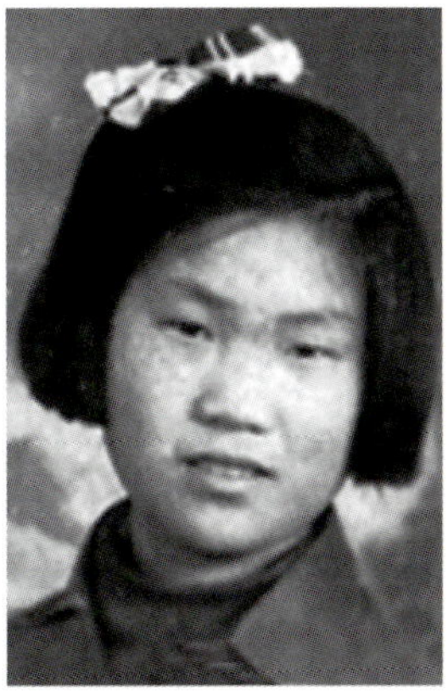

1944年1月出生，北京市昌平县人。
1960年，参加工作，在北京机要学校学习业务。
1961年，进藏，在藏期间一直担任机要译电员。先后在阿里地委机要科、噶尔县委机要组、那曲地委机要科、嘉黎县委机要组工作。后在石家庄二轻局五金制品工业公司担任业务员、工农机械厂办公室主任。
1973年，离藏。
1999年，退休。

1961年冬，在西藏阿里地委机要科办公室和同事合影。马淑卿（前排右三）

1965年夏，在西藏嘉黎县全景前留影。

1972年5月，在西藏嘉黎县身着藏族留影。

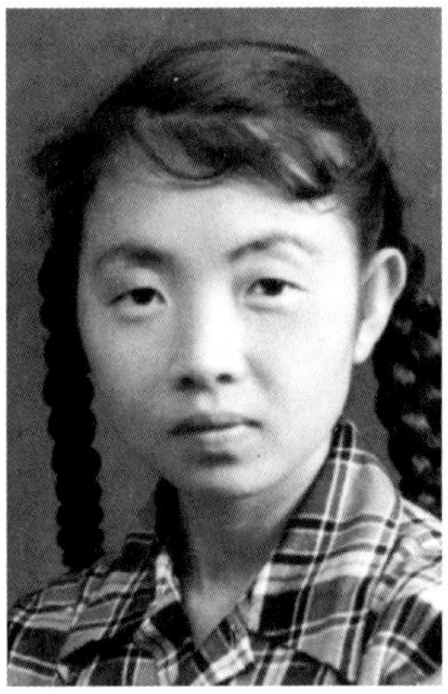

王联芬

1935年3月出生，四川省三台县人。

1952年，考入中央民族学院（中央民族大学）语文系藏语文专业学习。

1956年，毕业在藏实习后，主动要求支边。

1957年，被分配到西藏团校（西藏公学、西藏民族学院）从事藏汉双语教学工作，副教授。

1990年，退休。

1958年，在宝鸡虢镇西藏团校宿舍前王联芬（二排中）和学生合影。

夫妻合影照

王联芬穿藏装照

中央民族学院部分汉藏族学生在校园内合影（前排为藏族，后排为汉族，王联芬后三）

王普美

1936年6月出生，重庆市人。
1950年，在重庆参军，在西南军区后勤部卫生部后方医院护校学习。
1953年，分配到后勤部幼儿园任教养员。
1958年，从部队集体转业分配到重庆第二电机厂子弟校任教师。
1973年，调西藏民族学院附小担任教师。
1988年，晋升为小学高级教师。
1992年，退休。

1955年，与战友马明先（右）在重庆合影。

1955年3月，在重庆与战友曾仁令（左二）等人合影留念。（王普美：右一）

1954年，在重庆南温泉与战友涂敏（左一）等人合影。（王普美：前左二）

西藏民族学院附属小学女教师合影（校长李伟：后右二、王普美：前右一）

冬 秀

1936年12月出生，四川甘孜藏族自治州巴塘县人。
1950年，18军53师157团宣传队队员。
1951年，18军文工团团员。
1952年，日喀则文工队、昌都文工队队员。
1954年，昌都小学教师。
1957年，西藏团校、西藏公学教师。
1962年，林芝分工委干校（党校）教师。
1964年，西藏自治区筹备委员会办公室干部。
1973年，西藏自治区历史档案馆干部。
1978年，西藏自治区人民政府信访处副处长。
1994年，退休。

1953年冬，冬秀
在昌都解委会楼前留影

冬秀（左）和战友高乐政在日喀则合影

1954年，在昌都。

1957年，在上海。

1963年4月，共青团林芝专区直属机关代表大会。
冬秀（二排右三）、牛瑞騆（二排左六）

1957年，冬秀在上海。

1952年，西藏军区文工团在日喀则演出后合影。冬秀(一排左四）、娜喜（一排左六）

叶志宝

1927年6月出生，江苏省宿迁县人。
1939年，参军入伍。
1943年，加入中国共产党。
1946年，曾任豫皖苏军区政治部教导员，
1950年，任军大八分校二大队10小队指导员。
1951年，编入18军，同年进藏。
1957年，调西藏公学（现西藏民族大学）工作，曾任卫生科（医学系）党总支书记、副主任。

叶志宝（左）和战友

叶志宝母女合影

叶志宝在家中

1950年7月，于四川新津，进藏开始前，叶志宝（左一）抱着孩子告别。

叶志宝（左）和战友合影

卢 俭

1936年农历8月出生，江苏省南京市人。
1955年，北京师范大学中文系本科。
1959年，北京师范大学助教。
1960年，西藏公学任教。
1975年，西藏民族学院林芝分院任教。
1980年，交通部四航局教育科。
1981年，交通部四航局一公司子弟学校校长。
1992年，退休。

1964年，在延安与宣传队同事合影。（卢俭：前排右二）

卢俭与民院老师们排练节目后留影

1969年4月25日，在西藏民院校园与同事合影。
卢俭（前左一）何启扬（前右一）

1964年，卢俭在延安窑洞前留影。

刘遐玲

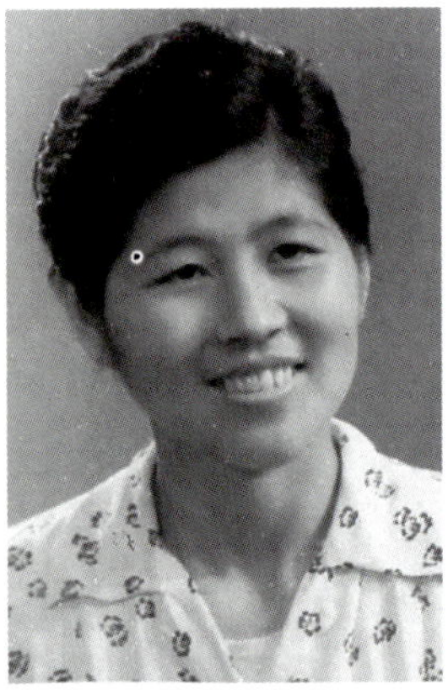

1932年12月出生，湖北省武汉市人。
1949年，重庆入伍，解放军第12军军政大学，学员。
1950年，自愿申请支援西藏解放，调入18军军文工团。
1951年，进藏，首批进藏女兵。
1953年，调江孜警备区工作，收音员。
1954年，调西藏军区政治部直供科工作。
1963年，调四川省成都市自来水公司工作。
1985年，退休。

1951年，在甘孜留影。

1954年，在江孜和战友李国柱（上）合影。

1954年，在拉萨和女儿合影。

吕耀清

1932年9月出生，四川省雅安人。
1950年，参军，18军随营学校学员队学员。
1952年，西藏工委社会工作部机要员。
1955年，拉萨郊区小学教员。
1966年，安徽省宿县地委《拂晓报》编辑。
1980年，中国社会科学院民族文学研究所办公室秘书。

1952夏，吕耀清（站立左四）与战友们参加球赛获冠军后在布达拉宫前合影留念。

1950年初，吕耀清（第二排左二）与战友们在十八军随营学校毕业时合影留念。

1957年秋，吕耀清在拉萨住地着藏装照。

1956年夏，吕耀清（第二排穿浅色短袖）与她的藏族学生在拉萨郊区小学院内合影。

张树屏

1930年5月出生，四川省郫县人。
1948年，在重庆相辉学院（后四川省财经学院）读书。
1949年，参加重庆地下党外围组织，进步学生。
1950年，重庆巴县人民政府文教科工作。
1952年，重庆市二中政治教员。
1961年，西藏公学教务处，后调入语文系从事历史课教学。
1985年，离休。

1958年，在北京。

1948年，在重庆相辉学院读书与同学合影。（张树屏：右六）

1959年，在北京。（张树屏：中）

张心一

1933年12月出生，四川省资阳县人。
1949年，南京参军，二野文艺新闻大队、二野文工一团。
1950年，18军文工团，进藏。
1957年，西藏军区《高原战士报》任通联干事。
1958年，转业到成都文化局工作。
1959年，调回西藏，在山南隆子县任县委秘书。
1960年，西藏自治区机关党委，分管团的工作。
1970年，内调，在成都针织二厂党委办公室工作。
1978年，重庆市公安局三处工作。
1983年，离休。

在西藏军区文工团留影

1951年，话剧《胜利渡长江》。

在军区文工团拉手风琴

1952年，和战友合影。张心一（左）

张心一（左）在表演《进藏路上》

宋惠玲

1936年12月出生，四川省叙永县人。
1949年，18军文工团入伍，在进藏途中，为部队演出。
1951年，调18军西北独立支队文工队，演员。
1953年，调拉萨小学筹备组工作，后担任音乐教师。
1954年，北京中央歌剧院（原中央实验歌剧院）学习声乐。
1958年，西藏自治区歌舞团演员。
1961年，上海声乐研究所进修声乐。
1963年，西藏藏剧团教员。
1973年，中央民族学院音乐系教员。
1991年，离休。

晚年的幸福生活

1964年，在拉萨帮堆人民公社下乡，宋惠玲（二排左二）和房东群众一起合影。

1954年，和爱人黄文焕在拉萨河边合影，虽然没有花前月下，那个时候的年轻人一样浪漫。

母女合影宋惠玲（左）

时钟曼

1931年1月出生，安徽省蚌埠市人。
1949年，在浙江参加18军，在政治部秘书处任缮写员。
1950年，进藏前调18军宣传部通讯报道科任收音员。
1951年，藏干校学藏文。
1952年，调西藏工委编藏文报。
1954年，中央民族学院学习。
1955年，就读哈尔滨工业大学附属工农速成中学，哈工大本科。
1961年，沈阳重型机器厂设计处设计员。
1980年，安徽冶金设计院冶炼科主任、高级工程师。
1990年，离休。

1951年6月27日，西藏和平谈判结束阿沛·阿旺晋美返藏，经甘孜时，约时钟曼见面，与阿沛夫人（右）合影。

结婚纪念照

1950年11月，在甘孜乐于泓、于时钟曼第一次合影。

张生蓉

1931年5月出生，甘肃省兰州市人。
1951年，参军，同年随18军独立支队进军西藏。
1988年，从西藏退休，退休前任西藏自治区人民政府驻格尔木办事处副主任。

1952年，在拉萨宣传演出。（前左起：王联茹、吴天香、张生蓉、胡小慧、庄仲涛）

1953年6月，西藏工委文工队女兵与当时文工队里唯一的一位藏族小演员群培合影。（左起：刘静凌、高翔、张生蓉、吴天香、群培、王联茹、胡小惠、贾湘云）

1956年夏，西藏团工委在拉萨举办首次少年夏令营活动。西藏各地区学校均派代表参加。张生蓉时任夏令营主任。摄于夏令营大门前

李 颀

1933年9月出生，北京市人。
1949年，考入西安西北军政大学。
1949年，在西北军政大学、重庆西南财校学习。
1951年，在西藏军区后勤部工作。
1957年，在西藏团校、西藏公学、西藏民院任教。
1988年，退休。

1955年，夫妻在拉萨合影。

李颀(前左一)与战友合影

1961年，于北京。

全家合影

李述勤

1932年6月出生，云南省峨山县人。
1949年，参加中国人民解放军。
1950年，加入中国共产党。
1953年，跟随18军进藏。
1957年，调西藏公学（现西藏民族大学）工作。
1992年，退休。

50年代初在拉萨

身着藏装演出照

50年代初在拉萨

李述勤（左二）在拉萨和藏族群众一起学“打阿嘎”

浓妆淡抹总相宜

50年代初在拉萨骑毛驴下乡

李彩银

1937年1月出生，陕西蒲城县人。
1959年，进藏工作，先后在拉萨市军管会第四工作队、拉萨市南城区委、城关区委、尼木县委组宣部工作。
1964年，拉萨市计划经济委员会工作。
1972年，调拉萨市委组织部工作。
1984年，调往拉萨市委直属机关党委担任副书记。
1991年，退休。

1980年8月，在拉萨市委常委会议室，王启佑副部长（后左二）、常海阔（右一）、旺杰（右二）、郭刚应（右三）、何家延（左一）与前排左始：杨南山、梁丽莎、梁廷英、向阳、李彩银合影。

1980年7月，市委组织部秦朝新副部长（左三）在市委办公楼前与干部合影。从右至左为李彩银、许德灿、杨南山(左一)等。

1980年7月，拉萨市委组织部李世安部长（后左三）、王启佑副部长（后左四）、泽拉副部长（前左二）、秦朝新副部长（后左五）、吴俊英副部长（后左二）与组织部工作人员在市文化宫合影。李彩银（前左一）

1980年7月，泽拉副部长（后排右一）和市委组织部工作人员合影。

余兴华

1940年10月出生，四川省万县人。
1956年，西藏军区保育院参加工作，幼教老师。
1960年，调西藏昌都军分区保育院，幼教老师。
1965年，调西藏昌都县县政府工商科工作。
1972年，调西藏昌都专署文教科工作。
1984年，调四川省物价局物价检查所，做会计等。

1969年，在昌都军分区宿舍，夫妻共同学习。

1956秋，摄于西藏军区成都第一保育院。

1975年，盼小孩放学归来(摄于昌都云南坝)。

1964年8月1日，西藏军区举行第三届业余文艺会演，昌都军分区业余代表队的表演唱《西藏就是我的家》获得二等奖。图为演出现场。（摄于昌都军分区礼堂，余兴华、左五）

周莹

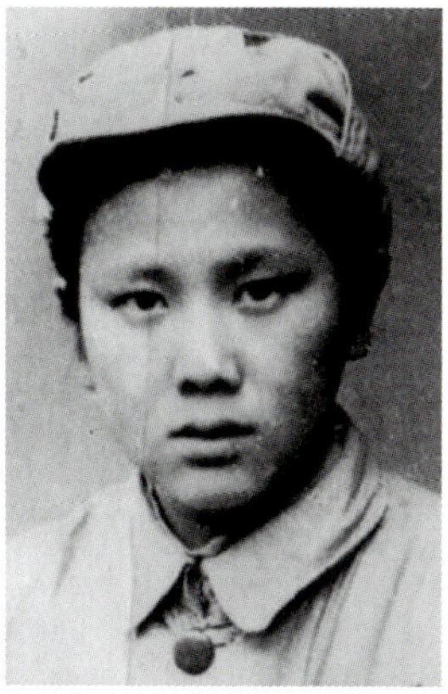

1928年3月出生，湖北省咸宁市人。
1946年，新四军5师入伍。同年，转入晋冀鲁豫军区7纵队20旅，战士。
1949年，编入18军52师，师部会计。
1950年，进藏参加昌都战役。
1951年，调江孜警备区工作。
1955年，转业四川内江地区粮食局。
1960年，四川万县地区粮食局。

1954年，和战友刘遐玲（右）合影。

1954年，和女儿在江孜。

《首批进军西藏的女兵们》出版座谈会

金丽光

1934年10月出生，四川省成都市人。
1950年，在四川成都参军。
1950年，在18军军大八分校二大队学习。
1951年，八分校文工队、54师文工队队员。
1954年，在拉萨藏干校学习。
1955年，在西藏工委宣传部审干组工作。
1957年，调西藏团校后转入西藏公学、西藏民院任政工干事。
1989年，退休。

1952年春，随54师修路期间与战友登上达马拉山后开怀大笑。（金丽光：右一）

1954年，和文工队战友合影。金丽光（右一）、游青淑（中）

1952年，随部队修路期间在达马拉山脚休息。（金丽光：最前排）

1954年，54师文工队整编期间金丽光（左二）和队友在罗布林卡游览时合影。

1954年，在藏干校学习时留影。

范亚平

1935年9月出生，山西省繁峙县人。
1953年，北京中央民族学院藏语文系学生。
1956年，毕业前夕，先后在西藏日喀则进行语言实习，在拉萨藏干校和拉萨小学进行教学学习。
1957年，调西藏团校任教师。
1958年，调西藏公学任教师。
1979年，在北京中央民族学院的研究生班进修。
1981年，西藏民族学院任藏族史、西藏佛教史、民俗学等专业课教学，副教授。
1993年，退休。

1956年，自治区筹委会选建之地留影，距离布达拉宫不太远。那里草坪茂密坐下来拍照很惬意，背景还有行人，动静结合气氛和谐。

1959年，范亚平（右一）和第一批藏族学生赴延安学习和考察。

1957-2016年，夫妻见证学校发展壮大。

1956年，在拉萨小学当语文老师时和藏族学生合影。（后排中）

钟惠成

1933年2月出生，重庆人。
1951年，参军，西南军政干校学员。
1952年，18军54师司令部文印员。
1953年，西藏军区机要训练队学员。
1954年，53师司令部机要员。
1956年，四川省人民委员会宗教事务处。
1973年，四川省委统战部。
1980年，四川省人民政府宗教事务局。
1989年，退休。

1953年，在四川新津。

1954年，在西藏军区机要训练队毕业纪念照。（钟惠成前排右一）

1955年，王文钦、钟惠成合影。

1954年，在西藏扎木。（钟惠成右）

唐静玲

1937年1月出生，四川省乐山市人。
1950年，18军52师文工队队员、军政大学学员。
1951年，18军后政文工团团员。
1953年，西藏昌都丁青文工队。
1956年，西藏自治区筹委会，文教处会计。
1957年，西藏团校教师。
1960年，西藏公学、西藏民族学院任教。
1993年，退休。

唐静玲当年进藏的英姿

唐静玲在草原

唐静玲（中）与学生在拉萨“开门办学”实践活动时合影

黄崇德

1934年2月出生，河南省商丘市人。
1949年，18军54师文工队入伍，翌年进藏。
1955年，西藏军区文工团独唱演员，先后在歌剧《白毛女》、《洪湖赤卫队》中出演喜儿、韩英，原创歌舞剧《格桑迎春开》中饰演格桑。
1962年，多次深入部队、边防为战士演出、慰问珠峰大本营国家登山队，曾荣获西藏军区个人“三等功”，全国“三八红旗手”、总政治部授予的“战地之花”五好文艺战士等荣誉称号。
1966年，转业河南省信阳市群众艺术馆。
1989年，离休。

1954年，在拉萨与战友司徒蓉(左)合影。

1965年，在拉萨与军区文工团战友合影。（左始：黄鹂、黄崇德、杜近芬）

1959年2月藏历新年，在布达拉宫金顶为达赖喇嘛演出小合唱《杨柳青》。（黄崇德：右三）

1960年，演出西藏军区文工团原创歌剧《格桑迎春开》，黄崇德扮演女一号格桑。

1950年，18军54师文工队在四川金堂县慰问剿匪部队，演出歌剧《刘胡兰》，演出结束后全队合影。

1952年，进藏途经工布江达，慰问修路部队及民工。（黄崇德：二排左一）

1959年2月，在布达拉宫金顶为达赖喇嘛合唱《我的家乡日喀则》。（黄崇德：右二）

1950年，进藏途中与战友吴光达（左）演唱男女声二重唱《藏胞歌唱解放军》。

德庆娜姆

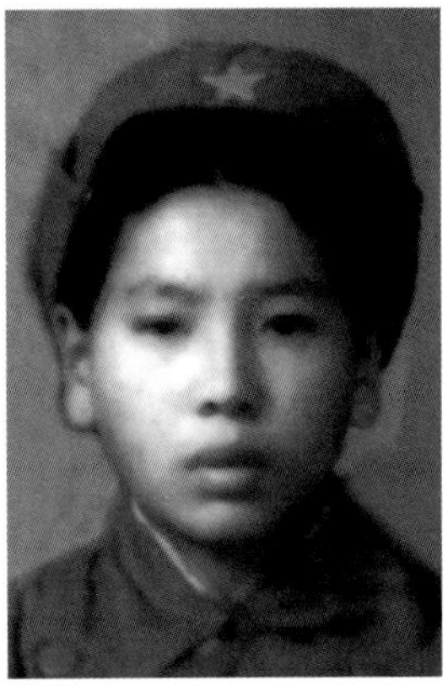

1935年11月出生，西藏昌都城关镇人。
1951年，18军司令部情报处入伍，同年，调入藏干校学习。
1955年，北京中央民族学院团校学习。
1957年，调印度噶伦堡中国商务代表处工作。
1960年，西藏团工委宣传部工作。
1970年，昌都县委工作。
1979年，昌都地区妇联工作，任妇联主任。
1981年，调西藏自治区妇联工作，办公室主任、权益部部长。
1996年，退休。

1963年，在巴塘和侄女合影。德庆娜姆（右）

1952年，在拉萨和战友合影。德庆娜姆（右）

1951年，德庆娜姆（前右）和战友合影。洛罗（后中）、扎西吉村（左）

1952年，和家人合影。德庆娜姆（后左）、扎西祥巴（后右）、旦增罗桑（前）

德吉曲珍

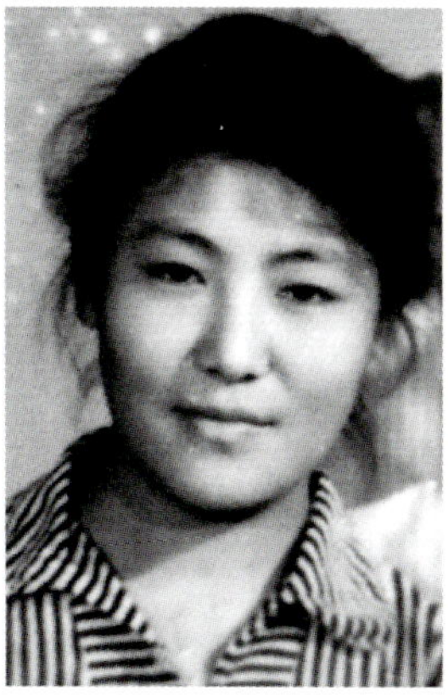

1939年3月出生，西藏拉萨市人。
1954年，在西藏干部学校学习。
1956年，在西藏团工委工作。
1959年，在咸阳西藏公学学习。
1961年，在中央民族学院藏语班学习。
1963年，在西藏民族学院任藏文老师。
1982年，西藏大学任教。
1989年，退休。

1961年，德吉曲珍（左）在西藏公学和同学合影。

1961年，德吉曲珍与爱人在北京人民大会堂前留影。

1956年，德吉曲珍（右一）在观看全国足球锦标赛。

我们是“老西藏”

“拾起童年的麦穗”是回忆吗？
“青春洒落一地”是书名吗？
每一个人都是一个时代！
如此壮丽。
每一个人都是一本故事！
这样感人。
一张张简历，
不是经历！
不是表白！
不是荣耀！
朋友，走过西藏——才是我们无悔的人生！

丁　慈　邓龙华　王保璐　王文钦　王　教　王长义　卢广业　叶　鹏
叶治平　乐于泓　刘　权　刘云飞　刘家龙　安信斋　朱庆春　军旺次仁
宋　班　杜　琳　李振江　李贵明　李　明　何启扬　何德胜　陈恩渠
单　超　罗念一　范德亮　周德清　夏祖明　唐和清　洛　朗　洛桑旺堆
傅　伟　韩兰勋　嘉措顿珠（按姓氏笔画排序）

★备注：本章照片，均为本人或家属提供，“个人简历”根据自述整理，未经核实，不足为证。

丁慈

1928年5月出生，浙江省开化县人。
1948年，　参加中共闽浙赣省委衢州中心支部，组建开化人民游击队，任政委，配合解放大军渡江作战，解放浙西北。
1949年，　18军54师，任敌工干事，参加湘南战役。
1949年，　调18军54师征粮队，参加解放大西南战役。
1950年，　18军进藏先遣支队司令部政策研究室秘书，参加昌都战役。
1951年，　任昌都察雅县代表处干事兼察雅县小学校长。
1951年，　任王其梅政务秘书兼昌都地区人民解放委员会秘书室秘书科长。
1957年，　西藏公学教务科科长（三年）。
1973年，　西藏历史档案馆（馆员、副馆长、馆长）。
1982年，　西藏自治区人大常委会秘书处处长。
1988年，　离休。

1953年，丁慈（后排右一）与战友李本信(后左一)、刘青(前左一)、何蜀江(前左二)合影。

1955年2月，在昌都，丁慈与志同道合的女战士冬秀喜结连理。

邓龙华

1932年10月出生，四川省纳溪县人。
1950年，18军54师文工队参军，同年进藏。
1952年，在西藏军区干校学习藏文。
1954年，西藏塔工地区修路，任见习藏文翻译。
1954年，再回到藏干校学习，结业后留在军区藏干校任教员。
1957年，调西藏团校，后调入西藏公学、西藏民院任藏文教师。

1951年，邓龙华（左）和他的战友合影。

1954年，邓龙华（左）和他的战友。

1952年国庆大典前，邓龙华(左二）和他的战友漫步于拉萨郊区。

邓龙华(后排右一)和战友张晓帆、吴光旭等合影。

王保璐

1928年8月出生，安徽省凤台县人。
1949年，在人民解放军18军随营学校学习。
1950年，在18军炮兵营一连、昌都18军52师藏训队学习。
1951年，在昌都18军炮兵营营部任文干。
1953年，在拉萨西藏军区干校任区队长。
1956年，在拉萨西藏工委宣传部任干事。
1957年，在雅安四川省党校学习。
1958年，在西藏工委宣传部任干事。
1965年，西藏民族学院任教务处处长等。

1954年，王保璐（前右二）和战友合影。

1954年，在太昭（工布江达）修路工地。

1955年，在西藏军区干校。

1955年，在西藏军区干校。

王文钦

1930年1月出生，河南宁陵人。
1946年，参军，冀鲁豫军区水东分区一支队、侦察员。
1948年，豫皖苏军区司令部机要员。
1950年，18军司令部机要科秘书。
1953年，西藏军区后方部队司令部参谋。
1956年，162团副团长兼参谋长。
1962年，藏字419部队司令部作训科科长。
1966年，52师司令部副参谋长。
1970年，149师司令部参谋长。
1974年，解放军军事科学院战史部、研究员。
1976年，149师副师长、正师职顾问。
1987年，离职休养。

1953年5月，王巨夫（左）、李效贤（右）、王文钦（中）在甘孜合影。

1953年4月，在北京参加战史工作会议，与革命引路人王建（右）合影。

1950年5月，与18军司令部机要科同志，在四川新津合影。

1966年，与52师部分干部战士合影（王文钦：右一）。

王 教

1926年2月出生，河南新郑县人。
1947年，豫皖苏军区入伍。
1950年，编入18军，随先遣支队进军西藏，参加昌都战役。
1951年，历任西藏军区政治部秘书处秘书，西藏山南军分区某部队教导员，军区政治部政策研究室主任、政治部副秘书长等职。
1970年，成都军区后勤部任政治部主任。
1977年，成都军区重庆第三十七分部，历任副政委、政委。
1983年，成都军区后勤部任政委。
1986年，离休。

1984年，王教在成都。

1958年，王教、张心一夫妇合影。

2000年，张心一夫妇在成都合影。

王长义

1925年9月出生，河南省濮阳市人。
1939年，冀鲁豫军区青纵三团入伍。
1941年，晋冀鲁豫129师386旅772团。
1945年，晋冀鲁豫七纵队20旅58团，指导员。
1947年，晋冀鲁豫一纵队20旅59团，营教导员，参加淮海战役。
1949年，18军52师154团，营教导员。
1950年，18军52师155团，副政委。
1952年，18军炮团，团政委。
1955年，西藏军区生产部参谋长，兼西藏林周县、澎波县县委书记。
1976年，调河南省洛阳军分区任参谋长，安阳军分区副政委。
1985年，离休至今。

1957年，王长义与警卫员 。

1976年，王长义在洛阳军分区。

1956年，王长义在拉萨。

1941年，王长义在山东。

修筑生命之路

卢广业

1925年10月出生，安徽省濉溪县人。
1944年，豫皖苏军区三分区入伍，宿县货管所填票员。
1947年，豫皖苏军区三分区肖宿永县第三区司务长、胜利乡乡长、县大队队长。
1949年，进藏，先后任18军54师供给处会计、供训队队长、18军54师司令部参谋等。
1956年，调武汉防空军一师，师部管理员。
1958年，转业河南省汝南县工业局、科长、汝南县人武部部长、汝南县民政局局长等。
1985年，离休。

1951年，进藏前夕。

2005年，卢广业在驻马店。

1956年1月，在武汉防空军一师师部。

武汉防空军政治部颁发的奖章

战友合影。卢广业（前左）

叶 鹏

1952年6月出生，北京市人。
1965年，在西藏军区文工团工作，《洗衣歌》第一任班长的扮演者。
1987年，在北京市西城区文化委员会工作。
2012年，退休。

1971年12月，军区文工团在亚东下司马演出。（王勉之摄影）

2016年，中央电视台军事频道“军营合家欢”元宵节晚会录制《洗衣歌》，与现任中国舞蹈家协会副主席、西藏自治区舞蹈家协会主席达娃拉姆（后排左三）及西藏军区文工团小演员合影。

2009年，57岁的叶鹏（蹲者）在高原上跳舞真有些吃不消。

1965年，叶鹏（后排右一）在成都训练班。

叶治平

1923年11月出生，河北省邯郸市人。
1945年，参加革命。
1947年，参加中国人民解放军中原野战军（后第二野战军），参加淮海战役、渡江战役、解放大西南，川西剿匪等。
1950年，抗美援朝。
1958年，汉口解放军高级步校学习。
1959年，参加西藏平叛、中印边境自卫反击作战。
1963年，中尼边境五团。
1973年，那区军分区。
1983年，离休回原籍。

1954年，从朝鲜回国后，在浙江江山营房前留影。

1962年，中印边境自卫反击战胜利后，在山南琼结县留影。

热烈欢迎中印边境自卫反击作战英模报告团。叶治平（中）

1960年，在藏北地区“平叛”时留影。

乐于泓

1908年10月出生，上海市人，
1934年，上海市共青团中央交通部主任。
1935年，共青团山东省临工工委书记、宣传部长。
1938年，河南竹沟参加新四军游击队，同年入党。
1943年，豫皖苏八分区党委宣传部长等。
1949年，18军党委宣传部长。
1952年，西藏工委办公室主任、宣传部长、青委书记、团委书记。
1954年，中央民族事务委员会政策研究室副主任。
1955年，辽宁省机械工业厅副厅长。
1978年，机械工业部合肥通用机械研究所所长。

1951年夏天，中央人民政府驻藏代表张经武一行，从北京出发，途经广州、香港，转道印度亚东边境，劝说达赖不要出走。图为一行人员到达广州中转时受到欢迎的场面。乐于泓（前排右二）时任西藏工委联络部部长，土登丹达，为随行翻译（右后），其余均为工作人员和夹道欢迎的群众。

1951年，在甘孜留影。

60年代初，在北京留影。

刘 权

1919年6月出生，山西省阳泉县人。
1937年，参加革命。
1942年，晋冀鲁豫11分区陆军中学政治指导员、政治委员、7纵队20旅59团政治委员、团长等。
1948年，豫皖苏军区八分区参谋长。
1955年，南京军事学院地面炮兵战术及司令部副主任。
1959年，炮兵学院训练部副部长。
1963年，解放军公安部西藏总队队长。
1965年，西藏军区副参谋长，
1968年，去世。

左始：扶廷修、刘权、吕义山、江潮、石拌樵、郭瑞乐。

1945年，时任20旅59团团长。（晋士林：左一）
1945年，时任20旅59团政委。（刘权：左二）

46师参谋长刘权（左一）与46师政委范阳春（左二）、46师师长齐钉根（左三）合影留念。

刘权（右三）在西藏

刘云飞

1927年10月出生，安徽省太和县人。
1948年，豫皖苏军区入伍。
1949年，参加南下工作团；5月，调18军军部民运部。
1950年，调18军军部保卫部，当年随部队进藏。
1952年，调西藏工委社会部内保科。
1957年，调西藏公学（现西藏民族大学）工作。
1984年，离休。

1952年，刘云飞（前右二）和西藏工委社会部战友合影留念。

1956年，夫妻在拉萨西藏工委社会部办公室前合影。

刘云飞（左）和王克浩在工委机保科办公室前留影

1953年，和战友在布达拉宫前留影。（左起刘云飞、耿成新）

1956年10月，和战友在西藏工委社会部办公室前合影。（左起：刘云飞、豆风司、司庆周）

刘家龙

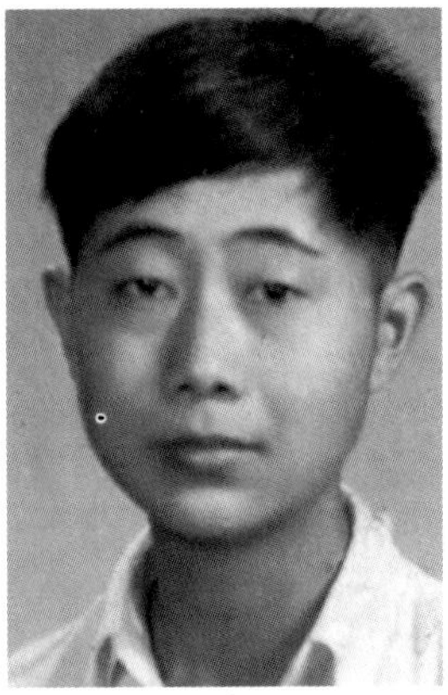

1942年3月出生，安徽省濉溪县人。

1960年，参加工作，在北京机要学校学习专业知识。

1961年，进藏，先后在林芝地委机要科、雪巴县委机要组、那曲地区嘉黎县委机要组、那曲地委机要科、那曲地委、那曲地委机关党委工作。先后担任译电员，嘉黎县委常委、组织部长，那曲地委副秘书长兼地委机要科长、那曲地委机关党委书记等职。

1993年，离藏。

1962年7月，在西藏林芝。

1972年春节，在西藏嘉黎县。

1972年5月，在西藏嘉黎县。

1982年5月，在西藏那曲驻地留影。

安信斋

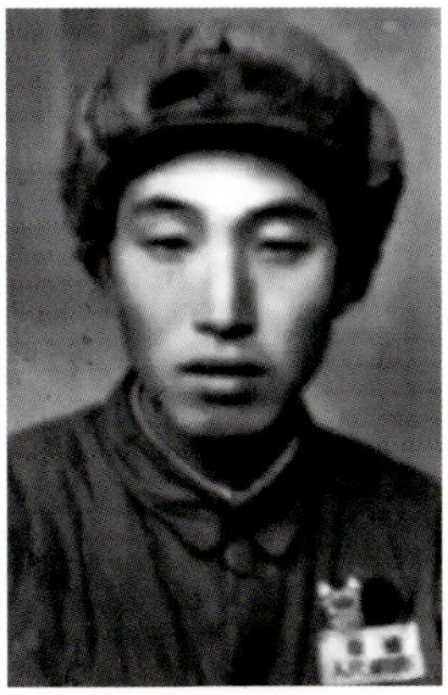

1925年9月出生，山东省郓城县人。
1947年，参加革命。
1950年，编入18军52师156团卫生队，进藏后，先后在扎木、林芝八一、藏北硼砂矿西藏职工医院、西藏化学工业第一厂工作。
1973年，调西藏驻成都办事处医院工作。
1985年，离休。

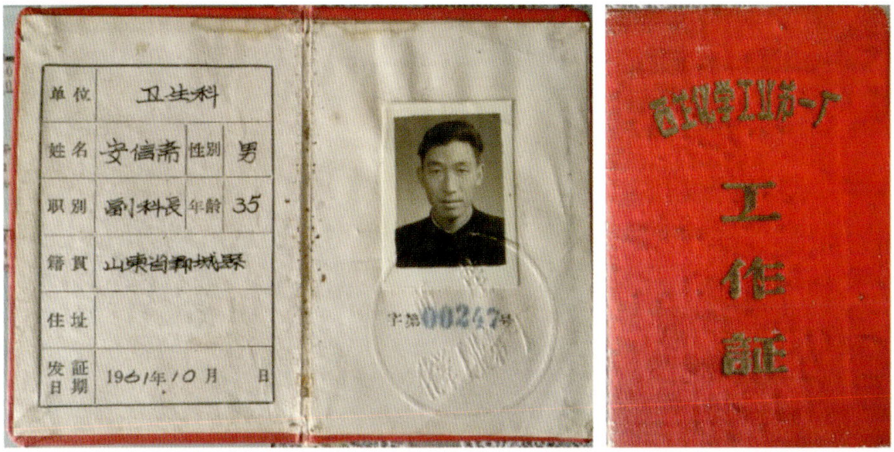

1961年，在西藏化学工业第一厂《工作证》。

安信斋（右）和爱人合影

朱庆春

1933年5月出生，安徽省五河县人。
1949年，18军随校学习。
1949年，18军52师教导队学习。
1949年，在四川自贡市七区人民政府工作。
1950年，在18军52师154团任宣传员。
1951年，在18军52师154团政治处任辅导员。
1952年，西藏军区藏干校任区队副，曾调往太拉段修路指挥所。
1956年，西藏军区干校任组织干事。
1957年，西藏公学团校任组织干事。
1961年，西藏民族学院宣传部任干事、医务系教导员、教务处副处长、历史系任总支书记等。
1983年，离休。

1952年，在亚东民房前，朱庆春（中）与指导员（右一）副连长（左一）合影。

1954年，修路期间身体不适在拉萨疗养所休养期间，朱庆春（左一）和战友在卡车前合影。

1954年，随52师在工布江达修路期间，朱庆春（右四）和战友合影。

1952年，在亚东期间，参加部队篮球赛和战友合影。（朱庆春：右一）

1954年，随52师修路期间因身体不适在拉萨疗养所休养。

军旺次仁

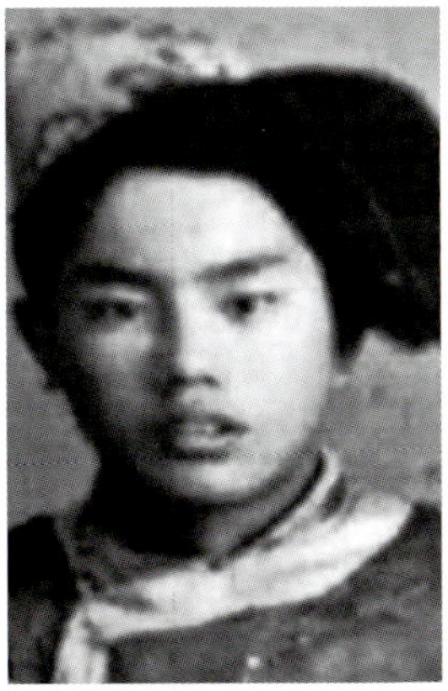

1938年10月出生，西藏察隅县古拉乡人。
1952年，在察隅县第一小学读书。
1956年，在北京中央团校学习。
1959年，参军，在西藏153团任藏语翻译。
1961年，在153团5连任藏语翻译。
1962年，在153团政治处任藏语干事。
1964年，在153团沙马民政检查站任副指导员、指导员。
1972年，在察隅县人民武装部任副部长、副政委。
1984年，转业到察隅县任纪委书记、县统战部长、县工会主席等职。
1993年，退休。

1957年6月，军旺次仁（左）在北京学习留影。

1959年11月，参军时留影。摄于昌都

1962年，军旺次仁与爱人布若结婚时合影。摄于吉公村

1973年6月，昌都军分区副司令员达瓦（右），和西藏军区群工处副处长曲桑（左），到察隅边境检查民兵训练工作时，与军旺次仁（后）在上察隅山坡上合影留念。

2001年冬，军旺次仁幸福的一家。摄于察隅县吉公镇

宋 班

1938年6月出生，四川省叙永县人。
1949年，18军军大八分校入伍。
1950年，编入18军54师文工队，乐队队员，进藏。
1956年，调四川省成都市132厂工作。
1998年，离休。

1951年，在昌都。

1952年，和姐姐宋惠玲（左）相逢在西藏。

杜 琳

1934年6月出生，河南省开封市人。
1948年，参加豫皖苏建国学院。
1949年，18军随营干部学校学员，副班长。
1950年，18军53师158团一营机枪连藏文干事，18军53师民运联络科。
1950年，18军53师《战旗报》通联记者。
1954年，18军53师政治部宣传科助理员。
1957年，西藏军区炮兵团宣传股长。
1963年，西藏军区宣传部新闻科长，《高原战士报》科长。
1972年，成都军区《战旗报》副总编。
1978年，解放军政治学院教保部副部长兼资料室主任等。
1988年，解放军国防大学离休。

1963年，在拉萨，杜琳（中）和战士学“毛选”合影。

1953年，“帐篷报社”。拍摄于扎钦通

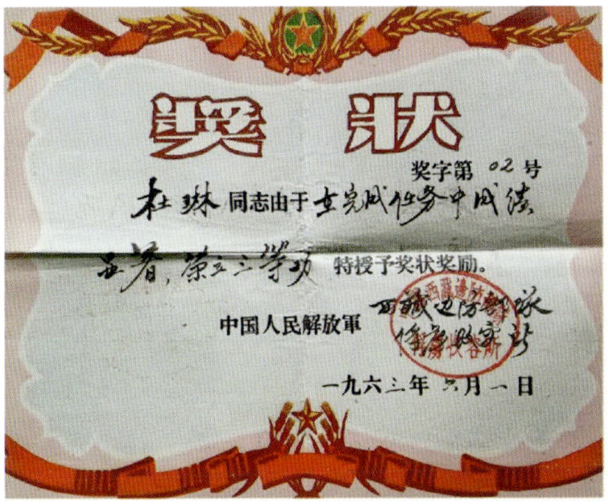

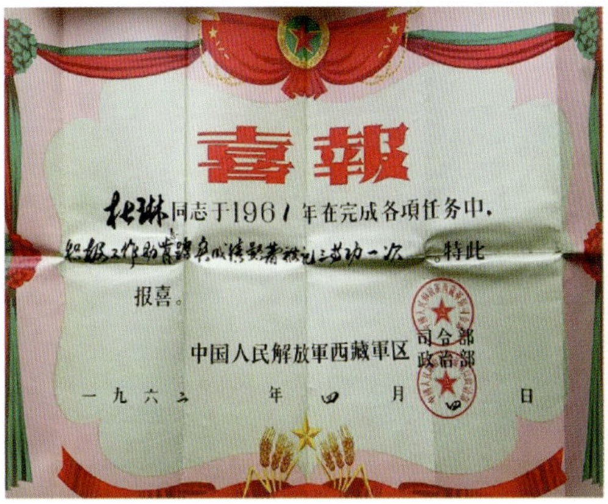

杜琳的各种奖状、喜报、立功证。

李振江

1925年5月出生，山西省吕梁市兴县人。
1940年，参加贺龙领导的八路军。
1949年，加入中国共产党。
1950年，随18军进藏，任18军第一工程局二大队副大队长。
1952年，在雀儿山开山筑路时牺牲，长眠在了雀儿山上。

1952年，李振江（二排左四）进藏前，与欢送的工友合影。

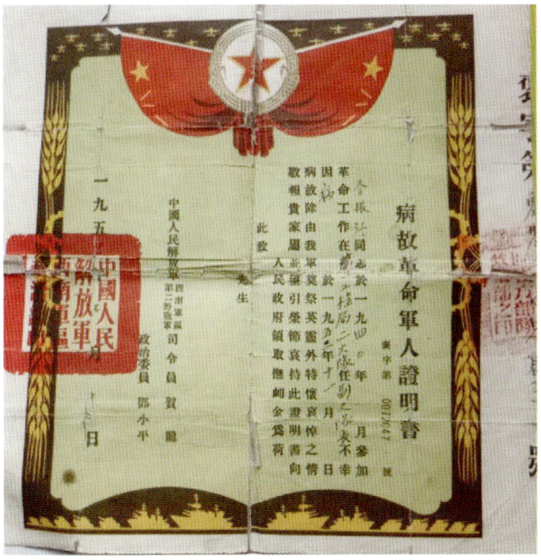
病故革命軍人證明書

貴字第 0017647 號

李振江同志於一九四四年 月參加
革命工作在[illegible]任副大隊長不幸
因病於一九五二年十一月 日
病故除由我軍奠祭英靈外特懷哀悼之情
敬頼貴家屬並望引榮節哀持此證明書向
人民政府領取撫卹金為荷
此致
先生

中國人民解放軍西南軍區第二野戰軍 司令員 賀龍
政治委員 鄧小平

一九五 年 月 日

烈士证书

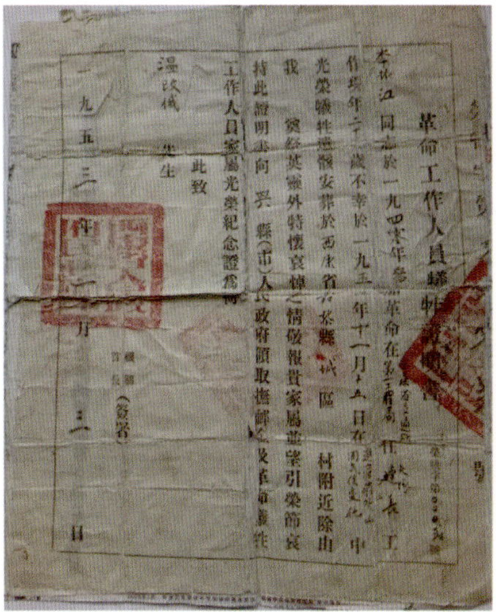
革命工作人員犧牲證明書

李振江同志於一九四四年參加革命在[illegible]任[illegible]工
作現年二十 歲不幸於一九五二年十一月十五日在[illegible]中
光榮犧牲遺體安葬於西康省[illegible]縣[illegible]區 村附近除由
我 [illegible]奠祭英靈外特懷哀悼之情敬報貴家屬並望引榮節哀
特此證明並向 縣(市)人民政府領取撫卹金及革命犧牲
工作人員家屬光榮紀念證為荷
此致
溫玖械 先生

一九五三年 月 日

烈士证书

1950年10月23日，李振江（右）和战友合影。

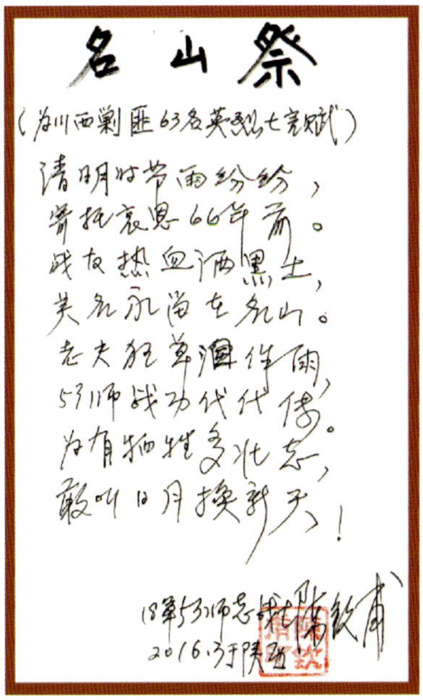
名山祭

（为川西剿匪63名英烈七完赋）

清明时节雨纷纷，
嘴托哀思66年前。
战友热血洒黑土，
英名永留在名山。
老夫狂草涸作用，
53师战功代代传。
为有牺牲多壮志，
敢叫日月换新天！

18军53师老战士陈钦甫
2016.3于陕西

18军53师老战士陈钦甫《名山祭》手稿

1959年，“平叛”中牺牲的察隅153团三连战士张朝元。（高永鑫供稿）

李振江生前和妻子、九岁的儿子李丕师合影。

李贵明

1936年6月出生，山西省武乡县人。
1949年，晋北鲁豫边区太行公安局参加工作，后调山西省公安厅、山西省检察院工作。
1956年，调西藏阿里地区，先后在阿里基巧公安处、普兰宗委、阿里地委宣传部、阿里土门煤矿、阿里商业局等工作。
1959年，参加阿里边境地区“平叛”工作。
1962年，参加中印边境自卫反击战。
1981年，内调山西省检察院，正处级检察官。
1996年，退休。

1958年，站在边界孔雀河一座桥头上留影。

1958年，在普兰宗。

1956年，在布达拉宫前留影。

1957年，李贵明(中)和战友在海拔6100米的边界巡逻时合影。

李 明

1922年7月出生，湖北省大悟县人。
1928年，参加中国工农红军红四方面军。长征到延安。
1946年，调晋冀鲁豫7纵20旅，任参谋长。
1949年，编入18军52师，任参谋长。
1950年，指挥并参加昌都战役。
1951年，调江孜警备区，任司令员。
1957年，西藏军区副参谋长。
1959年，任四川万县军分区司令员。
1974年，任四川省军区副参谋长、军职顾问等。
1985年，离休。

1949年，在渡江战役前留影。

1954年，在江孜。

1949年，向大西南进军途中在贵州。

何启扬

1932年10月出生，广东省中山市人。
1951年，北京共青团中央工作。
1956年，北京师范大学中文系本科学习。
1960年，西藏公学任教。
1972年，西藏民族学院附中高中班班主任。
1975年，西藏民院林芝“八一”分院（西藏农牧学院）学报主编。
1981年，交通部四航局宣传科科长。
1983年，广州航务工程学校副校长。
1985年，四航局宣传处副处长，《华南港工报》主编。
1993年，退休。

何启扬在认真备课

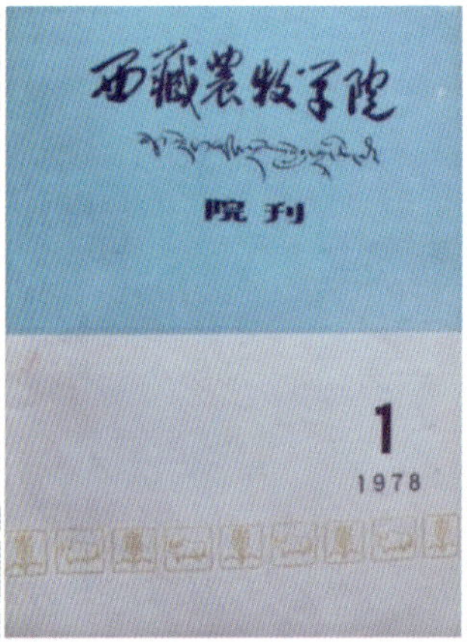

1978年，何启扬主编《西藏农牧学院》创刊号。

何启扬（后排右二）高中年代。摄于广州中山纪念堂

1964年，西藏公学疗养所全体师生临别合影。（何启扬：二排右五）

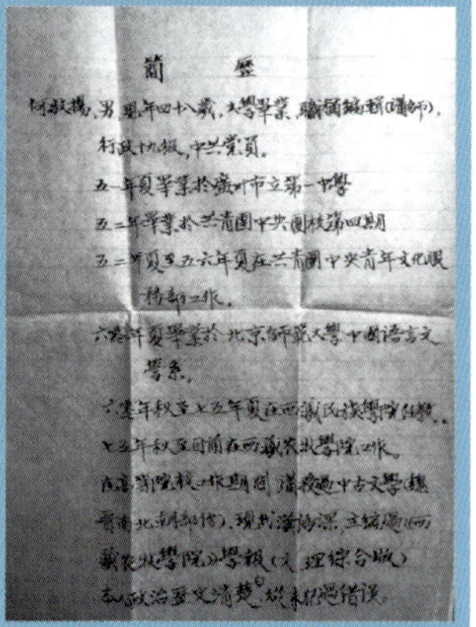

簡歷

何啟揚，男，現年四十八歲，大學畢業，[illegible]，
行政十九級，中共黨員。
五一年夏畢業於廣州市立第一中學
五二年畢業於共青團中央團校第四期
五二年夏至五六年夏在共青團中央青年文化服務部工作。
六〇年夏畢業於北京師範大學中國語言文學系。
六〇年秋至七五年夏在西藏民族學院任教。
七五年秋至目前在西藏農牧學院工作。
[illegible]

何启扬亲笔《个人简历》

1960年8月，何启扬(右)大学毕业前夕，在北师大校门前与同学卢华长合影。

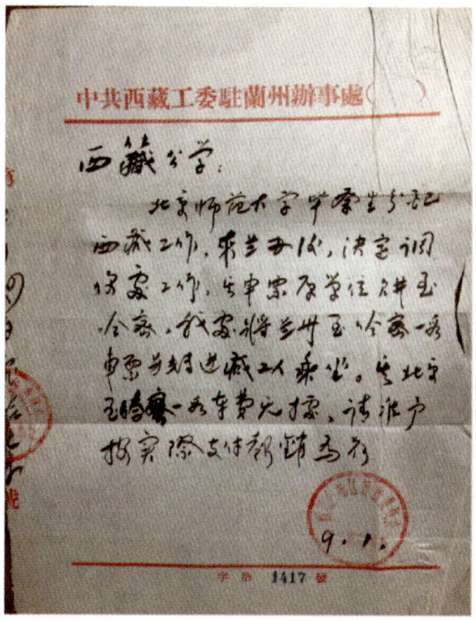

中共西藏工委駐蘭州辦事處

西藏公学：

字第 1417 號

1960年，大学毕业赴边疆路径：
哈密-停兰州-落户咸阳。

何启扬主编的《西藏农牧学院》学报

何德胜

1936年5月出生，安徽省太和县人。

1950年，在贵州贵阳参军，在解放军后勤卫生部后方医院学习，后调重庆后方医院学习。

1951年，先后在云南、青海等地工作。

1958年，转业调西藏公学医院工作，西藏民族学院教务处电教中心，工程师。

1996年，退休。

1951年，在贵阳留影。

1952年，在重庆和战友合影。（何德胜:左一）

在西藏民族学院医院留影

1952年，和战友在云南西双版纳合影。（右一）

陈恩渠

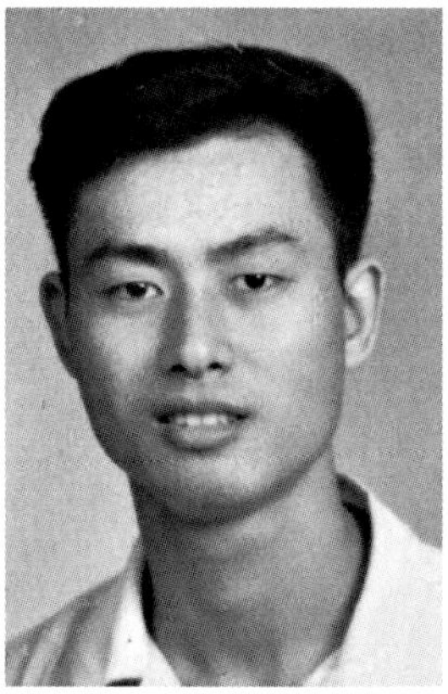

1931年11月出生，重庆市人。
1951年，重庆巴县人民政府参加工作。
1956年，考入北京师范大学中文系学习。
1960年，西藏公学二部任教。
1978年，调入语文系从事古代汉语课教学。
1992年，退休。

1955年，重庆北碚夫妻合影。

1980年，北京。

1957年，北京。

1980年，在北京师范大学进修留影。

单 超

1930年5月出生，安徽省萧县人。
1948年，参军，豫皖苏军区。
1950年，18军文工队区队长。
1953年，拉萨市委宣传部干事。
1955年，西藏工委宣传部干事。
1956年，西藏工委宣传部文化处负责人。
1958年，西藏黄梅戏剧团团长。
1964年，西藏自治区文联筹备委员会负责人。
1966年，安徽省宿县地区文联秘书长。
1980年，中国社会科学院民族文学研究所研究员。
1985年，离休。

《活鬼谷》单超著

《布达拉宫的枪声》单超 著

1950年秋，单超（前左一）与战友们进藏后在拉萨合影。

《女活佛历险记》单超著

《单超短篇小说选》单超 著

50年代初，单超与妻子吕耀清（18军第一批进藏女兵）在拉萨郊区农场劳动时留影。

罗念一

1932年3月出生， 四川省合江县人。
1949年，18军政治部入伍，战士。
1950年，西南军区军政大学第八分校二大队学员。
1950年，18军后政文工团、西藏军区文工团，历任演奏员、乐队队长、创作员、创作组长、乐队指挥兼艺术指导等，先后创作《洗衣歌》等经典文艺作品，享誉国内外。
1988年，西藏自治区政协任专职常委，文教卫主任。
1995年，离休。

1957年，在朝鲜上甘岭慰问志愿军部队时留影。

1954年，拉萨。

1957年，西藏军区文工团赴朝鲜慰问演出时留影。

1972年冬，罗念一（前左二）率西藏军区文工团创作组下山南隆子县列麦公社体验生活，后排最高带军帽为团里舞蹈演员索娜。

范德亮

1932年2月出生，河南省项城县人。

1947年，河南项城县县大队入伍，后编为豫皖苏独立旅炮兵连、53师炮兵连通讯员。

1949年，随部队南下，进军大西南。

1950年，进藏，参加川藏筑路和修建甘孜机场。

1951年，调18军53师司令部担任警卫员。

1953年，中国人民解放军第15速成中学、重庆第二军事步校学习。

1958年，转业黑龙江齐齐哈尔农机厂，任工会主席等。

1972年，调河南郑州葡萄酒厂，任工会主席。

1986年，离休。

53师师长黄作军的两个女儿，在大邑县留影。

1947年3月，范德成（左）和胞弟范德顺一起在河南项城参军合影。

1955年10月，在北京参加军事大比武时留影。

范德亮（左二）与战友们在西藏军区干校同学留念

范德亮（左一）与警卫员一起留影

周德清

1940年3月出生，吉林省长春市人。
1961年，就读于中央民族学院。
1968年，曾在日喀则军分区“五七农场”接受再教育2年，后在日喀则地区革委会政工组宣传组、地区文教局工作。
1980年，内调到辽宁北镇市教育局。
1987年，调到大连民族大学。
2000年，退休。

1968年10月，与进藏同伴孙英杰（河北人）合影。

1974年10月，接大女儿进藏，一家人在布达拉宫前合影。

1975年3月，受日喀则地区革委会委派，到江孜县调查春耕备耕情况。空闲时，在江孜抗英遗址山下留影。

1979年，到萨迦县调查研究教育情况，在萨迦北寺遗址前留影。

1979年3月12日，第一个植树节，日喀则地区文教局工作人员在新华书店旁马路边植树。自左至右为周德清、王某某（辽宁人）、闫丰润（辽宁人）、土登。

夏祖明

1932年5月出生，湖北省枝江县人。
1949年，在四川乐山参加18军53师文工队。
1950年，随部队进藏。
1951年，参加修建甘孜机场，当年6月文工队编入军文工团五队，7月跟随军部进藏，8月到达昌都，五队被分成三个地区文工队，被分配到昌都文工队。
1955年，调到阿里分工委团委任干事。
1957年，调西藏团校工作。
1983年，在西藏出差因公殉职。

1955年，新华电机厂职工在昌都拍摄话剧《考验》后演职人员合影。（夏祖明：右四）

1952年，夏祖明（前右）在西藏昌都文工队时和队友任培基（前左）等合影。

1958年，夏祖明在西藏团校临时校址宝鸡虢镇教学楼前留影。

唐和清

1926年9月出生，四川省叙永县人。
1949年，随川军潘文华部在湖北宜昌起义，返回四川后整编加入解放军18军，进军西藏并参加了昌都战役。在修筑川藏公路过程中，因发明牛粪烧冰面解冻的工作方法和吃苦耐劳的工作作风，获得交通部一级劳模称号。
1961年，因身体原因转业参加了西藏人民广播电台的组建工作。
1969年，调回成都市西城区计经委工作，任房管科长。
1986年，离休。

父女合影

和爱人仲星火

和爱人仲星火

在进藏修路途中留影

洛 朗

1930年11月出生，四川甘孜藏族自治州巴塘县人。
1950年，18军52师供给处入伍，随部队进藏，曾在阴法唐等首长身边工作，战士、翻译。
1951年，江孜分工委办公室，藏、汉文翻译，曾经历江孜大洪水，九死一生。
1960年，那曲地区行署工作，编译科，藏、汉文翻译。
1988年，退休。

80年代末，部队老首长阴法唐（左三），到陕西省咸阳市西藏干休所看望当年一同进藏的战士们（洛朗、右）。

1973年，和爱人次仁卓嘎在拉萨照相馆合影。

1952年，西南军区赠送的笔记本，迄今整整65年。

1957年，西藏工委赠送的笔记本，迄今整整60年。

在西藏干休所，难忘的会见(阴法唐、左)。

洛桑旺堆

1931年12月出生，四川甘孜藏族自治州巴塘县人。
1949年，在巴塘参加地下党。
1950年，18军入伍，随先遣支队进藏，政治部文书。
1953年，拉萨小学教员等。
1954年，印度噶伦堡商务代表处工作，秘书。
1960年，回国，拉萨市城关区第一任区长、拉萨市工商局副局长、昌都地区粮食局副局长、西藏自治区财政厅副厅长等。
1981年，自治区政协专职常委。

幸福的晚年生活

1950年，在康定巴塘革命青年合影。平措汪杰（后二排，高个子戴太阳帽）、洛桑旺堆（前二左一）、品康（后二右一，戴解放军帽）、洛桑志玛（前中间短头发）、珍嘎（前右一、巴塘格桑泽仁司令的女儿）

傅 伟

1932年11月出生，陕西省蒲城县人。

1949年，加入中国人民解放军第一野战军政治部文工团，参加了解放西安、宝鸡、兰州等战役。

1951年，编入18军西北独立支队，从兰州进藏，同年11月达到黑河，任黑河分工委宣传部干事。

1957年，调拉萨西藏工委、西藏军区电影联合发行站任副站长。

1961年，任西藏尼木县桑日区副区长。

1964年，调西藏自治区文教局，任文化处干事、副处长、处长等职。

1982年，任西藏自治区文化厅副厅长。

1992年，离休。

1959年，西藏“平叛”斗争结束后，为加强西藏农牧区基层政权建设，调西藏尼木县桑日区任副区长，在驻地留影。

1954年10月，青藏公路通车后，与战友王福宏合影。

进军西藏的人民解放军18军独立支队的将士们克服了重重困难，一边进军、一边修路，于1951年10月抵达西藏北部重镇黑河（今那曲），这是同年11月与留在原18军驻黑河办事处的战友苏忠谦（右一）、张柏民（左二）等在驻地合影。

1957年7月，调西藏工委、西藏军区电影联合发行站（西藏自治区电影公司前身）任副站长时，在驻地留影。

1989年夏，文化部办公厅领导（二排左八）一行人员赴藏考察，与时任区党委副书记丹增（二排左七）、文化厅厅长强平（前排右五）、副厅长傅伟（二排右六）、副厅长胡金安（前排右三）、副厅长才巴（前排右二）等在罗布林卡合影。

韩兰勋

1931年7月出生，天津市人。
1953年，北京中央民族学院学习藏语文。
1956年，在西藏藏干校实习。
1957年，西藏团校教师（陕西宝鸡虢镇）。
1958年，西藏公学教师，曾先后任藏文教师、教务处干事等。
1972年，赴西藏阿里支边，任班主任及教师。
1984年，任西藏民族学院干训部副主任。
1988年，西藏民族学院预科党总支书记。
1992年，退休。

韩兰勋（站立者）任西藏公学二部二十四班教师，给学生教汉语和汉文课。

1973年，韩兰勋（中）支边阿里师生合影。

1974年，韩兰勋（中）支边阿里师生合影。

韩兰勋和爱人在学校门前留影

嘉措顿珠

1930年11月出生，四川甘孜藏族自治州巴塘县人。
1948年，毕业于巴塘国立师范学校。
1949年，在巴塘参加“东藏民主青年同盟”。
1950年，在康定参加18军，军直属工兵营、保卫部、财经大队等担任藏文干事，随先遣部队进藏。
1953年，调重庆西藏藏语广播电台担任文字翻译。
1954年，调中央广播电台担任文字翻译。
1955年，调《西藏日报》担任记者。
1957年，调西藏公学任藏文教师。
1961年，调西藏文物管理委员会担任文字翻译。
1987年，调西藏大学政史系任教授并担任系主任。
1996年，退休。返聘，出任三届硕士生导师。

在四川双流县安享晚年

1951年，与胞妹冬秀在拉萨。

60年代，在拉萨全家合影。

2009年11月，嘉措顿珠被评为全区十大优秀翻译专家。翻译的著作共有30余部，代表作：

1.格萨尔王传之《门岭之战》（1986年荣获第二届全国民间文学作品二等奖）。
2.《布达拉宫志》（发表于《西藏研究》）。
3.翻译《十三世达赖喇嘛灵塔移交清册》（该作品现馆藏于自治区档案馆及布达拉宫）。
4.《西藏民间歌谣集成》。

軍大八分校十二隊十班全體合影 1950.5

第五章 新西藏摄影佳作

（左图来源：胡素蓉）

《青藏铁路》组图（摄影：新华社党果）

1. 雪山下的青藏铁路

2. 建设中的青藏铁路

3. 建设中的青藏铁路

《西藏文学》创刊40周年（摄影：西藏作家协会土旦塔杰）
图为2017年7月18日，《西藏文学》创刊40周年座谈会暨阿来研究会在日喀则举行，会议代表合影

རྩེའི་བཞུགས་མོལ་ཚོགས་འདུ་དང་ཨ་ལེགས་ཞིབ་འཇུག་ཚོགས་འདུ་སྐབས་གསུམ་པ།
喀则座谈会暨第三届阿来研究会

《驻村指导》
（摄影：西藏自治区农牧厅张蓉）

此作品拍摄于2014年5月，日喀则南木林县索金乡，并获全区干部职工书法美术摄影比赛优秀奖。

Jeep

《古道光影》
（摄影：新华社达娃）

此作品拍摄于2017年5月15日，西藏昌都市左贡县东坝乡马帮古道。

首届仓央嘉措文化节

2017年4月27日，《西藏首届仓央嘉措文化节文博展》。
（摄影：《中国西藏网》王淑）

后记 /《每一次出发》

陈 琳

每一次出发，
把坚定背在行囊。
因为爱着你的爱，
因为恋着你的戎装，
想着你的目光。
快出发吧，
岁月无情流淌，
谁言把你们遗忘。

每一次出发，
执着从未彷徨。
一本本泛黄的影集，
父亲、母亲的热望，
襁褓中的记忆，
生命的轮回。
翻开吧，
翻开日子，
抚摸那段铭心的岁月。
走在一腔热血的田埂上，
壮丽牺牲就在耳旁！
春暖花开，出发吧，
向着寻找出发！
游四方、走八乡，
捧回黝黑的泥土芳香。

每一次出发，
叹蹉跎拉萨。
六十年前，
一幕幕过烟云，
人匆忙！
战士舍家园，
上疆场！
光影交错，
长廊西藏！
六十年前，
一帧帧的黑白老照片，
你不语吗？
我们真切听见了你朗朗的歌声，
将士们的笑容扑面而来，
你无言吗？
行军的号角才刚刚吹响，
欲罢不能......
荡气回肠落在笔尖上！
乘着年轻，出发吧！
向着壮美的历史出发！
一次次挑灯夜战，
笔耕彩云追月，
墨香新西藏！

每一次出发，
阳光灿烂，
温暖心弦，
党旗引路，
整装待发！
谁没有豆蔻年华、青春年少？
谁无一腔热血、血气方刚？
为奉献的青春骄傲吧！
为流金岁月，
呐喊吧！
为回不去的过去,
一次又一次，出发吧！
我们走在大路上！

2017年7月于武汉

附："图片来源"名单（120人）

李俊琛（北京）
高永鑫（北京）
叶　鹏（北京）
单　超（北京）
杜　琳（北京）
芦继兵（北京）
吴景春（北京）
刘　伟（北京）
吕耀清（北京）
唐召明（北京）
降边嘉措（北京）
张常红（上海）
高　平（甘肃）
李振江（山西）
李贵明（山西）
卢长建（河南）
王长义（河南）
王　颖（河南）
范德亮（河南）
黄崇德（河南）
时钟曼（辽宁）
乐于泓（辽宁）
卢　俭（广东）
何启扬（广东）
张爱萍（江苏）
宋　班（贵州）
马淑卿（河北）
叶治平（河北）
刘家龙（河北）
刘金桐（河北）
周德清（河北）
惠印德（陕西）
韩　奋（陕西）
王艳玲（陕西）
白云峰（陕西）
戴仁宇（陕西）
邓亲和（陕西）
鲍彭庚（陕西）
丁培萱（陕西）
叶雪英（陕西）
谢均安（陕西）
央　金（陕西）
黄星光（陕西）
张志贤（陕西）
王联芬（陕西）
王普美（陕西）
张生蓉（陕西）
张树屏（陕西）
叶志宝（陕西）
李　颀（陕西）
李述勤（陕西）
李彩银（陕西）
范亚平（陕西）
李　筱（陕西）
陈钦甫（陕西）
胡秉之（陕西）
顾组成（陕西）
吴逢箴（陕西）
白自东（陕西）
何德胜（陕西）
陈恩渠（陕西）
洛　朗（陕西）
韩兰勋（陕西）
夏祖明（陕西）
王国桓（陕西）
任　民（陕西）
邓龙华（陕西）
傅　伟（陕西）
刘云飞（陕西）
高阿平（陕西）
汤东妮（陕西）
田永安（陕西）
强巴欧珠（陕西）
扎西次仁（陕西）
洛桑志玛（西藏）
冬　秀（西藏）
宋景原（西藏）
宋惠玲（四川）
余兴华（四川）
周　莹（四川）
钟惠成（四川）
娜　蓉（四川）
李留元（四川）
申竹林（四川）
丁　慈（四川）
王文钦（四川）
王　教（四川）
刘　权（四川）
安信斋（四川）
李　明（四川）
罗念一（四川）
唐和清（四川）
刘遐玲（四川）
张心一（四川）
徐明德（湖北）
周霞云（湖北）
邓和平（湖北）
陈　琳（湖北）
丹增曲培（湖北）
觉　果（西藏）
达　娃（西藏）
张　蓉（西藏）
德　吉（西藏）
计　美（西藏）
拉　珍（西藏）
德钦卓玛（西藏）
娜　喜（西藏）
军旺次仁（西藏）
洛桑旺堆（西藏）
嘉措顿珠（西藏）
强巴顿珠（西藏）
德庆拉姆（西藏）
德吉曲珍（西藏）
土旦塔杰（西藏）

武汉西藏中学　北京西藏中学　武汉西藏印象
西藏民族大学新闻学院提供：（汪朝光、金丽光、朱庆春、任永修、尹培瑞、唐静玲、王保璐）

图书在版编目（CIP）数据

老照片·新西藏.五/陈琳编著.—拉萨：西藏人民出版社，2017.10
ISBN978-7-223-05688-5
Ⅰ.①老… Ⅱ.①陈…Ⅲ.①纪实文学-画册-西藏 Ⅳ.①K297.5-64
中国版本图书馆CIP数据核字（2017）第209321号

老照片·新西藏（五）

陈琳/编著

出版发行：西藏人民出版社
责任编辑：李海平　张慧霞
装帧设计：武汉雪域文化工作室
制　　版：武汉市星星图文设计中心
印　　刷：武汉市凯恩彩印有限公司
开　　本：889mm×1194mm　1/16
字　　数：380千字
印　　数：1000册
印　　张：16.75
印　　次：2017年10月8日第一次印刷
书　　号：ISBN978-7-223-05688-5
定　　价：228.00